OHSAMA BUNKO

口にすればするほど なぜかうまくいく言葉

川上徹也

三笠書房

◇はじめに　「いいこと」は、いい言葉と一緒にやってきます！

この本を手に取ったあなた。

おめでとうございます！

それだけであなたは、**「なぜかうまくいく」可能性**が格段に高まりました。

なぜならこの本は、**口にすればするほど「いいことが起きる言葉」「人生がうまくいく習慣」「運がよくなる言葉」**を集めた一冊だからです。

えっ？　そんな都合のいい話があるのか？

きっとそう思ったはずです。

それが、あるのです。

物事がうまくいくように願ったとき、最も簡単で、すぐに取りかかることができるのは、**使う言葉を変えてみる**ことです。

想像してみてください。

「よかった！」「ワクワクする！」「何とかする」……と言っている人と、

「無理！」「忙しい！」「めんどくさい」……と言っている人を。

どっちの人と仲よくしたいか、一緒にいたいかは一目瞭然《りょうぜん》ですね。

聞いていて気持ちがいい言葉なら、それを話す人のまわりの雰囲気はよくなり、互いに認め合い、助け合ういい関係が自然につくられていきます。チャンスもたくさんやってくるでしょう。

また、口にする「言葉」は、周囲に影響を与えるだけではありません。その人自身の脳にまで、大きな力を及ぼしていることもわかってきています。

アメリカのイェール大学が行なった心理学実験があります。

「lonely（さびしい）」「bitterly（苦しそうに）」「old（年老いた）」など、高齢者を連想させる単語が入っている文章を読むと、そういう単語が入っていない文章を読んだ人に比べて、歩くスピードが40％も遅くなったのだとか。

そういう言葉が頭にインプットされるだけで、足取りも老けてしまうのです。

このように、言葉は人の行動にそれほど大きな影響を与えてしまいます（このような現象を心理学では「プライミング効果」と呼びます）。

食事をしたとき、ニュースや動画を見たとき、人と何かのかかわりがあったとき……思わず口にしている言葉は何ですか。

選び抜いた本書の言葉と自分の頭に浮かぶ言葉を見比べてみたり、最近あまり口にしていない言葉を見つけてみたりしてください。

「運」に関する古今東西の名言にもヒントがあるかもしれません。

気がついたとき、**これまでとは違う、すてきな光景が目の前に広がっている**でしょう。私自身、これらの言葉を使うことで人生が大きく好転しました。

知らない間に、いつも「運」に恵まれている自分に驚くはずです。

川上　徹也

◇もくじ

1章

今がもっと楽しくなる

2章 その人との関係に「いい変化」が!

3章 ここ一番でうまくいく人

4章
「起きてしまったこと」にどう対処する？

5章 思いを実現するために

もくじ各項目についている
○は「口にすればうまくいく言葉」
●は「口にするとうまくいかなくなる言葉」
を示しています。

1章

今がもっと楽しくなる

「運がいい人」になる

「いいこと」のきっかけは、思い込みから！

一般的に、「運」とは非科学的で、実態がないものだと思われています。

たしかに、「運がいい・悪い」といわれている状況を、客観的に証明しろといわれても難しいでしょう。

確率的には、幸運や不運は、誰に対しても公平に降り注《そそ》ぐはずです。しかし、それでも明らかに「運・不運」はあります。

では、「運がいい人」「運が悪い人」に分かれるのはなぜでしょう？

最近は、「運」を科学的に研究する学者もいます。

たとえば、イギリスのハートフォードシャー大学のリチャード・ワイズマン博士は、「運のいい人」と「運の悪い人」を対象に調査を行なうことで、「運」の正体に迫っています。

研究の結果、**「運」は生まれつきもっているものではなく、また、単なる偶然でもなく、本人の選択による部分が大きい**ことが明らかになりました。

つまり、「運がいい人」というのは、公平に降り注ぐ幸運や不運の中から、本人も意識しないままに、より多くの幸運をつかまえる選択ができる人のことをいうのです。

実際、ワイズマン博士は、自分は「運が悪い」と思っている人に向けて、「運がいい人」のように行動するよう指導しました。すると約80％の人が、「自分の運はよくなった」と実感するようになりました。彼らは、合わせて幸福感も強くなったといいます。

あなたも「いいこと」が起きてほしかったら、まずは「運がいい人」になったかのように行動してみてはどうでしょう。

ツイてる　ラッキー

言うだけで「一緒にいたくなる人」に！

まずは日常のちょっとしたことに対しても、「ツイてる」「ラッキー」と口に出す習慣から始めれば、物事がうまく回り出します。

・ちょうど駅に着いた瞬間に電車が来た
・さっきまで雨だったのに、出かけるときに晴れた
・スーパーでちょうど買おうと思った惣菜《そうざい》が割引になった
・信号に近づいたら、ちょうど青信号に変わった

何だっていいのです。
日常には、「ツイてる」ことや「ラッキー」なことがいっぱいあります。
そんなとき、「ツイてる」「ラッキー」と口に出してみるのです。

「プライミング効果」（5ページ）で、よりよいことに目がいくようになります。

「ツキ」や「ラッキー」をより連鎖《れんさ》させるためには、一緒にいる人に、次のように伝えるといいでしょう。

「ツイてるね」「ラッキーだったね」

想像してみてください。

あなたが誰かと一緒に行動しているときのことを。

ちょっとしたことで「ラッキー」と言う人と、「ツイてない」と文句ばかり言う人――あなたなら、どちらの相手と一緒にいたいですか？

多くの人は前者でしょう。また、「ツイてる」「ラッキー」と口に出すとき、人は自然と笑顔になります。笑顔は相手を気分よくさせます。

すると、より「ラッキー」なことが起こる確率が上がるのです。

ヤッター！　ヨッシャー！

喜ぶときは、〝ド派手〟くらいでちょうどいい

何かうまくいったときに「ヤッター！」「ヨッシャー！」と口に出せば、さらに「いいこと」が起こる可能性が高まります。

理由はその姿勢にあります。それらの言葉を口に出すとき、あなたの姿勢はどうなっているでしょうか？　きっと、手を握《にぎ》り、ヒジを曲げ、前や上に突き出すポーズをしていたりするのではないでしょうか？

これは、日本では「ガッツポーズ」と呼ばれているものです（和製英語で海外では通用しません。なぜこの名前がつけられたかは諸説あります）。

言葉だけではなく、このような姿勢にもやる気を高める効果があることが、ハーバード・ビジネス・スクールのエイミー・カディらの研究によって証明されています。

グループをふたつに分け、Aグループには体を大きく広げるようなハイパワ

ー・ポーズを、Bグループには体を小さく縮《ちぢ》めるようなローパワー・ポーズを2分間取らせます。そしてポーズの前後で採取した、それぞれの唾液《だえき》に含まれるテストステロンおよびコルチゾールのレベルを測定しました。

テストステロンは、バイタリティを高めてくれる男性ホルモンです。やる気を高めるドーパミンの分泌《ぶんぴつ》を促《うなが》すもので、男女問わず分泌されます。コルチゾールは、副腎皮質《ふくじんひしつ》ホルモンのこと。ストレス状況下で重要な役割を果たします。しかし、過度なストレスにより分泌が増えすぎると、免疫系《めんえきけい》や脳に影響を及ぼします。

ハイパワー・ポーズを取ったAグループでは、テストステロンが19％増加し、コルチゾールが25％減少しました。一方、ローパワー・ポーズを取ったBグループでは、テストステロンは10％減少し、コルチゾールは17％増加しました。

つまり、**体を大きく広げるようなハイパワー・ポーズは、幸福感ややる気を高め、ストレスを減らす**という結果となり、体を小さく縮めるようなローパワー・ポーズは、逆効果となるということです。

喜ぶときは、声もポーズも少し大げさにしてみてはどうでしょう。

幸せ

同じコーヒー1杯でも「しあわせ……」とつぶやくと

幸せでもないのに「幸せ」なんて言えないよ、という方もいるかもしれません。

では、どんな状況になれば幸せになれるでしょうか?

「もっとお金持ちになったら」「会社で昇格したら」「あの人と暮らせれば」「大きな家に住めたら」などという環境を思い浮かべたかもしれません。

そのようにビジネスやプライベートで「成功」することで、初めて幸せを感じることができると思っている方も多いでしょう。

そんな一般的な考え方に異論を唱えるのが、「幸福と成功」の関係を研究している、心理学者のショーン・エイカーです。

名門のハーバード大学でも、入学できた学生が、必ずしも幸せを感じているとは限りません。たしかに入学した時点では、ほとんどの学生は幸せを感じているでしょう。しかし、2週間もたつと、そのありがたみは徐々に薄れていきます。

勉強の重荷などでストレスを感じて、不満を抱えるようになるからです。

しかし、そんな中でも、ハーバードで学べる幸せをかみしめて毎日を過ごしている学生もいます。つまり、自分が幸せかどうかは環境によって決まるのではなく、**その環境を脳がどうとらえるか**で決まるのです。

そして、人間は現在の環境に対して幸せだと感じていると、安定した精神状態で仕事や勉強やスポーツなどに取り組めます。やる気が出て、頭もよく働く。

その結果、成功する確率が上がります。つまり、「成功するから幸せになるのではなく、幸せだから成功する」ということです。

毎日の生活の中では、当然、ポジティブなこともネガティブなことも起きます。

エイカー氏は、自分の生活の中で起こった「ポジティブな出来事」を、毎夜就寝前に3つずつ記録するというエクササイズを提唱しています。毎日たった2分でできますが、これを21日間続けると生活に変化が現われるといいます。

そのとき、「幸せ」と口に出して言いながら記録すると、より「いいこと」が起こるかもしれません。

知らない人に声をかける

ワイズマン博士がその効果を保証済

「運」を研究しているリチャード・ワイズマン博士は、「運がいい人」の特徴のひとつとして、「運のネットワークをつくるのがうまい」ことを挙げています。

「運のネットワーク」とは、簡単にいうと、自分の人生にプラスの影響を与えてくれる人のことをいいます。

そのような人と出会うと、当然チャンスが生まれる可能性が高まります。

では、具体的にどうすれば、運のネットワークは広がるのでしょうか？

ワイズマン博士は、「**1週間に1人以上、あまりよく知らない人や初対面の人に自分から話しかけてみる**」ことを提唱しています。それは次のようなものです。


話しかけやすそうな人に向かって、自然な形で話しかけてみる。

レジの行列の前後になった、飛行機や電車の交通機関で隣になった、書店で同じ本棚の前に立った——きっかけは何でもかまいません。

最初は質問で話しかけるようにします。スーパーなら閉店時間を聞いたり、書店であれば本のことを聞いてもいい。

しかし、イエスかノーで答えられるような「閉じた質問」ではなく、いろいろな答えが返ってくるような「開いた質問」が望ましい。

このように話しかけてみて、もしいい雰囲気で話が弾《はず》んだら、思い切って「またお会いしませんか？」と提案してみてはどうでしょう。


このときに一番大切なのは、「断わられることを恐れないこと」とワイズマン博士は言います。たとえ断わられても、単に忙しかっただけかもしれないし、人と話すのが苦手なだけかもしれない。気にせず別の人にどんどん話しかけてみると、喜ぶ人もきっといるはずだと言うのです。

そうやって新たな知り合いを増やすことで、「運のネットワーク」が広がり、人生が好転するかもしれません。

知らない人に親切にする

「照れくさい」で損をしないために

「利他《りた》行動」を取ると、幸せになれます。

これは道徳的な観点からだけでなく、科学的にも証明されています。

難しいことでなくてかまいません。ちょっとしたことでもいいのです。

人間は誰かに親切な行動を取ると、脳からドーパミン、β《ベータ》エンドルフィン、オキシトシンといった脳内物質が分泌されます。これらの脳内物質が分泌されると、人は快感を覚えます。意外なことに、**助けられた人より助けた人のほうが幸せを感じる**のです。

スコットランドのディビッド・ハミルトン博士は、誰かに親切な行動を取るだけで、次の5つの効用があると主張しています。

①　自分自身が幸福を感じる

② 心臓と血管が強くなる
③ アンチエイジングになる
④ よりよい人間関係が生まれる
⑤ 親切の連鎖が生まれる

イギリスのチャリティー団体は、毎年「この1か月の間に、見知らぬ人、あるいは、助けを必要としている見知らぬ人を助けたか」などの指標から、世界の国々の「人助け指数」を発表しています。

日本は2021年の発表では、114か国中114位。しかも、113位のポルトガルに大差をつけられてダントツの最下位でした。

「照れくさい」「かかわりたくない」「面倒になりそう」など、いろいろと理由はあるかもしれませんが、日本人としてはとても残念な結果です。

たとえ見知らぬ人であっても、小さな親切をしてみると、きっと「いいこと」がありますよ。

新しい商品やメニューを選ぶ

たとえ「外れ」だっておもしろい

商品やメニューを選ぶとき、あなたは「いつも同じもの」を選ぶ傾向にあるでしょうか？

それとも「できるだけ新しいもの」を選ぶ傾向にあるでしょうか？

これは、あなたがもつ「新奇探索性《しんきたんさくせい》」の度合いを測る簡単なテストです。「新奇探索性」とは、新しい物事を知ることに喜びを感じる性質のことです。

いつも同じものを選ぶ人は、この「新奇探索性」が弱いといえます。そのような人は、自分の思いよりも、社会の常識やルールに従いやすい面があるのです。

「新奇探索性」が強い人も弱い人も、それぞれに長所短所はあります。

ただし、いつも同じものを選ぶよりも、新しい何かにチャレンジして選んだほうが、「いいこと」が起こる確率が高くなります。

「運」を研究しているリチャード・ワイズマン博士も、「運がいい人は新しいことにチャレンジする人が多い」と主張し、次のような例を挙げて説明しています。

広いリンゴ農園でリンゴの収穫をするとします。Aさんは迷うのがイヤなので、いつも同じルートを歩き、リンゴを収穫していました。すると、採れるリンゴはすぐになくなってしまいました。一方のBさんは、新しいことにチャレンジするのが好きなので、毎日違うルートを通って収穫しました。すると、いつまでも収穫できるリンゴがあり続けました——。

たしかに、**いつも同じものを選ぶよりも、新しい何かにチャレンジするほうが、「運」がよくなります。**それだけ新しいものと出合う確率が上がるからです。

ただ「新奇探索性」が強いか弱いかは、遺伝によって決まるところが多いといわれています。弱い場合には、意識的に「行動」を変える必要があるのです。

たとえば、ひとりで外食するとき、「いつもの自分なら入らない店だけど、ちょっとだけ勇気を出して入ってみよう」と行動を変えてみてはどうでしょう?

疲れた

自分を「憑《つ》かれた状態」にしないように

「疲れた」を口グセにすると、「運」が悪くなります。「疲れた」は「憑かれる」、つまり「何者かに取り憑かれた状態」が語源であるという説があります。

たしかに、何かに取り憑かれると疲れそうです。

「ツイてる」と「ツカれる」は表裏一体の関係にあるという説もあります。「疲れた」が受動的であるのに対して、「ツイてる」は能動的です。ありがたいものに憑いてもらっているから、こちらは「いいこと」が起こるのです。

これらの説が本当かどうかはわかりませんが、なんとなく説得力はあります。

どちらにしても「疲れた状態」であると、抵抗力・免疫力・判断力・気力などが落ちます。口に出して「疲れた」と言うことは、「憑かれた」状態を強化しているともいえます。当然、ウィルスや悪運に憑かれる確率が高くなります。できるだけ口にしないほうがいいでしょう。

成功の秘訣というのは、僕にいわせれば、70%が運。
20%が努力で、10%が天分。
僕がどれだけ漫画を書いていたとしても、
そのよさを発見する人、
本にしたいと思う人が出てこなければダメなんです。

やなせたかし

損得勘定は運を呼び込まないからね。

萩本欽一

気持ちがいい

気分がよくなれば、ますます……

想像してみてください。

自然に囲まれた、誰もいない露天《ろてん》の温泉に浸《つ》かったときのことを。

思わず「気持ちいい」という言葉が、口から出てくるのではないでしょうか？

こんなふうに、「気持ちのいい」ことを体験して、**「気持ちいい」という言葉を口に出せば出すほど、「いいこと」が起こりやすくなります。**

「本当かよ？」と思ったかもしれませんね。

ちゃんと科学的根拠があります。

「気持ちいい」と感じると、脳内物質の「オキシトシン」が分泌されるからです。

オキシトシンは、女性の妊娠・出産時に大量に分泌されることで知られ、「幸せホルモン」「愛情ホルモン」「絆《きずな》ホルモン」とも呼ばれています。

実際に温泉に浸かることで、オキシトシンが分泌され幸福感が高まることは、温泉療法専門医で東京都市大学の早坂信哉《しんや》教授の調査により証明されています。

もちろん温泉だけではありません。マッサージをされたり、パートナーとスキンシップをしたり、犬や猫などのペットとふれ合うことでも、オキシトシンが分泌されることが知られています。

また体を接触しなくても、家族団欒《だんらん》を楽しんだり、気の合う友人と食事をしたり、同僚とおしゃべりしたりするだけでも、オキシトシンは分泌されます。

オキシトシンが分泌されると、次のような効果があるといわれています。

・幸福感が高まる
・不安、恐怖心、ストレスがやわらぐ
・社交性が高まる

このような気持ちを感じたら、毎日はもっとうまくいくようになるでしょう。

どんどん気持ちのいいことをして、「気持ちいい」と口に出してみませんか？

おもしろい

いつものことも「転換」してみたら

最近、多くの物事について「おもしろい」と思っていますか？

それとも、すぐに「くだらない」「理解できない」と思う人でしょうか？

科学的には、何事にも「おもしろい」と思う人のほうが、幸福感が増す可能性が高くなります。

人間の脳には報酬系《ほうしゅうけい》という快感を得る回路があり、これを刺激する重要な神経伝達物質に「ドーパミン」があります。人は、「おもしろい」と感じるとき、ドーパミンが分泌されるのです。ドーパミンが分泌されると、やる気が出て幸福感が高まり、何か行動を起こすモチベーションにつながります。当然、「いいこと」が起こりやすくなります。

では、おもしろい小説を読んだり、映画などのエンターテインメント作品を観続ければいいのでしょうか？

もちろんそれもいいのですが、**日々の生活や日常の中にも「おもしろいこと」はたくさんあります。**そちらを探して「おもしろい」と思ったほうが、継続的な効果は高そうです。

「日常にそんなおもしろいことなんてないよ」と思ったかもしれません。

だとしたら、普通の出来事をおもしろく転換してみるのはどうでしょう？

幕末の志士《しし》・高杉晋作《しんさく》も、次のような言葉を残しています。

「おもしろきこともなき世をおもしろく」

どんなことに対しても「おもしろがる力」があれば、些細《ささい》なことでもおもしろいと感じることができます。

ではどうすれば、些細なことも「おもしろい」と思えるようになるのでしょうか？

まずは、毎日の生活の中からおもしろいことを探してみることです。

家から駅に向かう間はどうでしょう？

店の看板などに注目してみてください。

きっとおもしろい発見があるはずです。

今度は、自分の顔や体に注目して、じっくり見てみてください。目、鼻、耳、口、まゆげ、まつげ、手、足、指――じっくり見ると発見はありませんか？

何かを発見したときに、口に出して「おもしろい」と言う習慣をつけることが大切です。無表情な声で言うよりも、「スゲー！　おもしろい！」「やべー！　おもしろい！」というように、テンション高く言ったほうが効果が出ます。

その声によって、脳では「おもしろい」という思いが強化されて、ドーパミンがより分泌されるからです。その結果、やる気が出て幸福感が得られます。

人が提案したり話したりすることに「おもしろがる」ことも重要です。

誰かの意見に「おもしろい」と言えることは、自分の過去の成功体験や枠《わく》にとらわれず、常に新しい価値観や考え方を探している証拠です。

逆に、他人の意見を「おもしろがれない人」は、前例主義であったり、物事を自分の成功体験や価値観で判断しがちです。

どんなことでも「おもしろい」と思うことは、クリエイティブ力も高めます。

私が駆け出しのコピーライターだったころ。ある大御所《おおごしょ》のコピーライター○さんの下について仕事をしたことがあります。

あるとき、クライアントにプレゼンするため、私は何案かのコピー案を○さんに提出しました。すると○さんは、一番ぶっ飛んだコピー案を指して、

「このコピー、僕にはまったく理解できないし、意味もよくわからない。でもおもしろい！　それはわかる。この案でプレゼンしよう」

と言ってくれたことを今でも覚えています。そして当時の私はこう思いました。

「意味はよくわからないけどおもしろいと言えるのはカッコいい。自分もそんな人間になりたい」

いくつになっても、理解できないことに対しても「おもしろい」と口に出したいものです。

プロセスに幸せを感じる

結局、一番楽しいのはどんなとき？

あなたは今、「幸せ」ですか？

改めてそう問われると、言葉に詰まってしまう人も大勢いるでしょう。

では、過去の人生において「幸せ」と感じた瞬間はありましたか？

一度も幸せと感じたことがない人は、少ないでしょう。

たとえば、志望校に合格したとき。好きだった人とつき合うことになったとき。希望の仕事につけたとき。欲しかった品物を手に入れたとき。住みたかった土地に住めたとき。結婚したときなど、あなたはきっと「幸せ」を感じたはずです。

しかし大抵《たいてい》の場合、その幸せは長続きしません。

いずれも、短ければ数か月、長くとも数年たつと、最初のころの高揚《こうよう》感や喜びはなくなっていきます。

それは、「快楽適応」、あるいは「ヘドニック・トレッドミル」と呼ばれている現象が原因だと考えられています。

これは、心理学者のフィリップ・ブリックマンとドナルド・キャンベルが1970年代に提唱した概念です。

ヘドニックとは「快楽」のこと。トレッドミルは、ジムなどにあるランニングマシンのこと。「人は、幸せという快楽に向かって走り続けはするけれど、決してゴールには到達しない」という皮肉をこめたネーミングです。

どんなに欲しかった幸せも、手に入れた瞬間、少しずつ色あせていきます。不変の幸せなどというものは存在しないのです。

言いかえれば、「何かを手に入れる」ことや「何かの段階を上り詰めた」という状態には、幸せはないということです。

視点を変えると、**幸せへ向かおうとする行動や、人とのつながりの中にこそ、幸せはあるといえるでしょう。**

物質的な結果にとらわれないことが、なぜかうまくいくコツです。

すべてに感謝

「快楽／安心／思いやり」のいいホルモンが続々分泌

何かをしてくれた人に対して「ありがとう」「○○さんのおかげです」と感謝すると、「いいこと」が起こりやすくなります。

そして、より効果的といわれているのが、「普遍的な感謝」です。

「普遍的な感謝」とは、特に何かいいことがなくても、**現在自分が生を受けていることに対して感謝する**ことをいいます。

カリフォルニア大学デービス校のロバート・エモンズ教授らは、感謝が幸福にどのように関係するかの研究を行ないました。

その結果、「感謝日記（感謝の気持ちを日々綴《つづ》る）」などの行為を継続的に行なっている、8歳から80歳までの1000人以上を対象に調査を行ない、それらの人々に次のような変容が見られたことを報告しています。

［身体的効能］
・免疫力アップ
・痛みの軽減
・血圧の低下
・睡眠の質の向上

［心理的効能］
・ポジティブ感情が高まる
・より注意深くなる
・楽しさや、うれしさをより感じる
・楽天性や幸福感が高まる

［社会的効能］
・生産性が高まる

・他者を助け、寛容で、慈悲《じひ》深くなる
・他者の過《あやま》ちに寛大になる
・社交的になる
・孤立感や孤独感の軽減

脳科学的には、「普遍的な感謝」を習慣にすることで、セロトニン、ドーパミン、βエンドルフィン、オキシトシンなどの脳内物質が分泌されることがわかっています。

・セロトニン……別名「安心ホルモン」。心のバランスを整える作用があり、感情や気分のコントロール、精神の安定に深くかかわっている
・ドーパミン……別名「快楽ホルモン」。やる気や幸福感をもたらす。人間の意欲・やる気・運動・学習能力などに深くかかわっている

・βエンドルフィン……別名「脳内麻薬」。モルヒネの6・5倍もの鎮痛《ちんつう》効果があり、気分の高揚・幸福感と深くかかわっている

・オキシトシン……別名「思いやりホルモン」。温かく幸せな気持ちをもたらす。自律神経やストレス、血糖値や血圧のコントロールにもかかわっている

このような脳内物質が分泌されることで、免疫力・記憶力・集中力が高まり、前記のような効能が生まれると考えられています。

まさに「いいこと」ずくめ。何かとうまくいくことも増えるでしょう。

あなたも毎日、「すべてに感謝」を習慣にしてみては?

おすすめは、エモンズ教授が提唱している「感謝日記」をつけることです。

毎晩寝る前に、その日を振り返って、感謝の気持ちを書くのです。

「運がいい」と思い込む

信じる者には「いいこと」が起こる？

「運がいい」と口に出すと運がよくなります。

なぜでしょう？

それは、**「運がいい人」は「自分は運がいい」と思い込んでいる人**だからです。

「自分は運がいい」と思い込んでいる人が「幸運」を呼ぶということは、心理学実験でも証明されています。

ドイツ・ケルン大学の心理学者であるライサン・ダミッシュは、多くのスポーツ選手が縁起《えんぎ》を担《かつ》いでいることに注目し、それらの行為が実際のパフォーマンスにどのような影響があるかを調べました。

ダミッシュは、被験者にパターゴルフをしてもらい、その直前に与える情報によって、次のふたつのグループの結果がどう変わってくるかを実験したのです。

A「このボールは、パターがよく入るといわれている、ラッキーボールです」
B「このボールは、みんなが使い回した普通のボールです」

もちろん、実際はどちらも同じ普通のゴルフボールです。

ABともに、それぞれ10回ずつパターを打ってもらいました。

すると、Aの「ラッキーボール」と伝えたグループは、平均約6・5回入りました。一方、Bの「普通のボール」と伝えたグループは、平均約4・8回しか入りませんでした。約20%もパターに成功する確率が違ったのです。

では、なぜこのようなことが起こるのでしょう？

「プラシーボ効果」という言葉を聞いたことがあると思います。

おもに医薬品で使われる用語です。デンプンなどを使い、薬のように見せた物をプラシーボ（偽薬《ぎやく》）といいますが、医薬品を飲んだのと同じ効果を得られることがある現象をいいます。

効果がある成分が入っていないのにもかかわらず、なぜ効果が出ることがあるのでしょう？　そのメカニズムはくわしくはわかっていませんが、近年の研究では、偽薬であっても、実際の脳内物質の分泌に変化が起こっていることがわかってきています。

つまり、「効く」と思い込むことによって、脳がだまされて結果を出しているということです。パターゴルフの実験結果も、ある種のプラシーボ効果だといえるでしょう。たとえ根拠がなくても、「ラッキーボール」と思い込むことで、いい結果が出たのです。

もちろん、プラシーボ効果だけではありません。

「自分は運がいい」と思っているXさんと、「自分は運が悪い」と思っているYさんでは、困難や失敗などの不運な出来事があったときの、考え方や対処法が違います。

Yさんは、何か困難や失敗など不運なことがあると、「自分は運が悪いからだ」と考えるでしょう。

一方で、Xさんは「これは何か原因があるはずだ」「どうすれば克服できるだろう」と思って、その不運に対する対処法を考えるでしょう。

Xさんのほうがいい結果を生むのはいうまでもありません。

またXさんは、どんなことからでもチャンスを見つけることが得意です。道を歩いているときも、電車に乗っているときも、誰かと話をしているときでも、「何かいいことがあるかも」という視点で日常を送っています。

「自分は運がいい」と思う人は、「運のいいこと」を見つけようとする。だから、「幸運」にめぐり合う可能性が高まるのです。

逆にYさんは、道を歩いていて信号に引っかかったり、電車に乗り遅れたりするだけでも、「ああ、自分は運が悪いなあ」と思います。それでは「幸運」にめぐり合うことも、自然と少なくなってしまいます。

とはいっても、Yさんのような人が、簡単に「自分は運がいい」と思えるようにはならないでしょう。

だからこそまず、口に出して「運がいい」と言う習慣をつけるのです。

そうすることで、だんだんと「運がいい人」になっていきます。

何かいいことないかな

「これからいいことを起こすぞ」に

口グセのように「何かいいことないかな」と言う人は、知らず知らずのうちに「運」を逃がしている可能性が高いでしょう。

このフレーズは言いかえると、「今の自分にはいいことがない」という意味。さらに「いいことないかな」の部分に、受け身の姿勢が含まれています。

つまり、「何かいいことないかな」と口に出すたびに、自分の脳に向かって、「今の自分には、何もいいことがない」「自分の能力では、いいことは何も起こせない」ということを強調して刷《す》り込んでいることになるのです。

脳はプラシーボ効果（45ページ）やプライミング効果（5ページ）を発揮して、ますます自力では「いいこと」を起こせないようにするでしょう。

「何かいいことないかな」と口に出そうになったら、**「これからとってもいいことを起こすぞ」などと言ってみるのはどうでしょう？**

運は「管理できるもの」だと私は考えています。
自分のバイオリズムのようなもので、
上がったり下がったりするのが、運だととらえているのです。

本田健

昔から「運も実力のうち」なんて言葉がある通り、
おいらもしょせん人間の成功なんて、
運があるかどうかに尽きると思っている。

ビートたけし

素晴らしい

言うと自分が「そうなった気分」になれる

「深く感じ入るほどにすぐれている様子」という意味で使われます。

誰かが言った言葉、提出した企画などに「素晴らしい」と言うと、あなたにとってもプラスな出来事が起こります。

想像してみてください。

あなたが何か企画を提出して、相手から「素晴らしい」と言われたときのことを。晴れ晴れしい気持ちになりませんか？

ということは、**あなたが「素晴らしい」と誰かに言うことで、相手は晴れやかな気分になるということ**です。

「相手を晴れやかな気持ちにしても、自分にプラスはないのでは？」と思う方もいるかもしれません。

しかし、口に出せば、自分の耳にも「素晴らしい」という声が聞こえてきます。

脳は、聞こえた言葉が誰に向けられたものなのかを、瞬時には区別できないといわれています。

つまり、相手に言うことは、自分に向けて言っていることにもなるのです。脳はプラシーボ効果（45ページ）で「自分が素晴らしい」と錯覚します。

その結果、自己肯定感が高まり、自信がわいてくるのです。

これって素晴らしいことだと思いませんか？

だからといって、いつも「素晴らしい」を乱発するとその価値が下がってしまいます。

また、本当は素晴らしいと思っていないのに、口先だけで「素晴らしい」と言うと逆効果です。自分の脳をだますことになるからです。

ただし、「素晴らしい」を目上の人に使うときは注意が必要です。何かを評価する言葉なので、「上から目線」だと受け取られる恐れがあるからです。

その場合は、「感銘を受けました」「感服いたしました」「敬服いたします」などと言いかえればいいでしょう。

○○のおかげで

漢字にすると本当の意味がわかる

オリンピックやパラリンピックに出場した選手のインタビューを聞いていると、勝った選手も負けた選手も、まわりにいる人たちに向けて感謝の言葉を口にしているのが印象的です。

たとえば、女子レスリングの金メダリスト・須崎《すさき》優衣選手は「本当に今の自分があるのは、自分にかかわってくれたすべての人のおかげ。感謝の気持ちでいっぱいです」と第一声で伝えました。

金メダル候補といわれながら敗退してしまったバドミントンの桃田賢斗選手も、「結果は本当に悔しい形になってしまいました。今まで本当につらいときも支えてくれた方々や、応援してくれている皆さんのおかげで、憧《あこが》れの舞台に立つことができたことに感謝しかないです」とツイッターで綴りました。

日々、大きな目標に向かって努力や挑戦をしている人は、自分の力だけで活動できているわけではないことに自然と気づきます。

すると、周囲に対する感謝の念がわいてきて、自然と「○○のおかげで」という言葉を発するようになるのです。

漢字では「お蔭」と書きます。もともとは「神仏などの陰で加護を受ける」ことへの感謝を表わす言葉でした。その後、徐々に神仏に限らず「他人からの助力や援助」への感謝も意味するようになりました。

このように、まわりの人に感謝の気持ちをもち、それを言葉で伝えるようにすると、毎日がどんどん変わっていくでしょう。

なぜなら、**「自分は満たされている」という意識が高まり、不平不満をもつことが少なくなるから**です。また、支えてくれている人のために、もっと頑張ろうという気持ちにもなります。すると、気持ちも自然とポジティブになるでしょう。

当然、パフォーマンスもよくなり、物事がうまくいくようになるのです。

とにかく笑う

「表情筋マジック」のスゴい効果

笑えば笑うほど、「いいこと」が起こります。

まず、健康面において、次のような効果があることがわかっています。

①免疫力アップ

私たちの体内では、毎日多くのがん細胞が発生しているといわれています。また、ウィルスなども侵入してきます。

体に悪影響を及ぼすこれらの物質を退治しているのが、リンパ球の一種である「NK（ナチュラルキラー）細胞」です。笑うと、NK細胞が活性化することが知られています。気持ちの高ぶりが脳に伝わり、善玉ペプチドが大量に分泌され、それが血液やリンパ液に乗って全身に運ばれ、NK細胞の表面に付着するからです。

つまり、笑うと免疫力が高まり、病気に強い体になるのです。

②脳の活性化

笑うことで、新しいことを記憶する脳の器官「海馬《かいば》」の容量が増えて、記憶力がアップします。

また、笑うと、意思や理性をつかさどる大脳新皮質《しんひしつ》に流れる血液量が増加するため、脳の働きが活発になります。その結果、睡眠障害やうつ症状は、緩和されるといわれています。

③血流の改善

大声で笑うと、腹式《ふくしき》呼吸と同様に、「下腹部に力を入れて息を短く吐く」ことをくり返すことになります。

つまり、笑うことで体内にたまっている二酸化炭素が体外に排出され、たくさんの酸素が体内に入りやすくなります。また、笑っているときは、心拍数や血圧が上がり、呼吸が活発になります。

④ 自律神経のバランスが整う

笑うと心がリラックスした状態になります。リラックスすると、副交感神経が優位になり、自律神経のバランスが整います。

その結果、免疫機能が正常に保てるようになるのです。自律神経とは、血管や内臓をコントロールしている神経のことで、免疫に関する細胞もコントロールしています。

⑤ 病気の予防

さまざまな研究から、笑いが病気の予防に効果があることがわかっています。

山形大学の2万人を対象にした研究によると、ほとんど笑わない人は、よく笑う人に比べて、死亡率が約2倍高いことがわかりました。笑うことで血糖値が低下し、脳卒中や心血管疾患《しんけっかんしっかん》の発症率を抑える効果があるといわれています。

健康面以外にも、よく笑うことで、気持ちがポジティブになります。笑顔になることで顔の表情筋が刺激を受け、それが脳にフィードバックされてポジティブな感情が生まれるといわれています。

さらに、よく笑う人は、印象がよくなり、コミュニケーションも向上します。

このように、笑うだけでいいことがたくさん起こるのですから、笑わないと損ですよね。

にもかかわらず、年齢が高くなると、笑う回数が極端に減ることがわかっています。特に40代以上の男性では、それが顕著です。

そんなにおもしろいことがない、という人も多いでしょう。

そんな方は、まず鏡に向かって、笑顔をつくる練習をすればどうでしょう。

顔の表情筋を動かすだけで、脳は笑っていると勘違いするといわれています。

その結果、ドーパミン系の神経活動が活発になり、本当に笑うのと同じくらいの効果があるといわれているのです。

今を生きる

「どうしよう?」と思ったら

人間の悩みの多くは、「過去」と「未来」にあります。
たとえば、過去に言ったり言われたりしたことを引きずって後悔する。

「あんなこと言わなきゃよかった」
「なぜ、あのとき、あんな決断をしてしまったんだろう」
「もっとこうしてあげればよかった」

あるいは、未来のことを悲観的に考えて不安になる。

「会社をクビになったらどうしよう」
「このままだと、老後のお金がなくなるんじゃないだろうか?」

「もし大恐慌《だいきょうこう》がきたら、どうしたらいいだろう」

過去は過ぎ去ったことですから、いくら考えてもやり直すことはできません。

未来はまだ何も起こっていない状態ですから、どうなるかはそのときになってみないとわかりません。

もちろん、過去の失敗から学んで、それをくり返さないようにすることや、未来を予想して対策を練《ね》ることは重要です。

しかし、後悔や不安にとらわれてばかりいると、先に進むことができません。すぐに変えられるのは、今の自分の行動だけだからです。

だとしたら、**「今を生きる」ことが一番**だと思いませんか？

まず目の前の現実に集中し、過去や未来ではなく、「今を生きる」のです。自然と、「いいこと」が起こるでしょう。

未来は、結局のところ、今という時間の積み重ねでできています。今を大切にするということは、未来を大切にするということなのです。

三方よし

自分も相手もまわりも大切に

江戸時代、近江《おうみ》（現在の滋賀県）出身で、ほかの地域に行商に行ったり、店をかまえたりする商人のことを、「近江商人」と呼びました。

行商の場合、訪問する地域の人たちからの信用を得なければ、商売が成り立ちません。近江商人は、一度きりの売り込みではなく、同じ地域に何度も訪れる商売を基本にしていました。地縁《ちえん》も血縁もないところから、営業の基盤を築く必要があったのです。そこで、地域から信用を得るための知恵として語り継がれてきたのが、**「売り手よし、買い手よし、世間よし」という三方《さんぽう》よしの精神**です。

商売ですから、まず「売り手」が利益を出さないと継続できません。もちろん「買い手」に満足してもらわないと次はありません。その上で、売買《ばいばい》をする当事者だけでなく、世間に貢献することで信用を得ることの重要性を説いているのです。このような考え方のビジネスなら、自然とうまくいくでしょう。

最悪

自ら「サイアク」をつくらない

ちょっとしたことでも、口グセのように「最悪」と口に出す人がいます。

まわりの人を不快にするだけでなく、わざわざ「自分は運が悪い」ということを、自分の脳に刷り込んでいるようなものです。

当然、ますます「運」が悪くなり、「いいこと」も起こりません。

もちろん、何もかもがうまくいかず裏目に出て、思わず「最悪」と言いたくなるときだってあります。それでも、「最悪」は「運を最も悪くする言葉」です。できるだけ口に出さないほうがいいでしょう。

最悪な状況は、言いかえてみると、**「これ以上落ちることはない。上がっていくだけ」**というふうにもいえます。

たとえば、最悪な状況になったら、「そうくるか?」と口に出してみるのはいかがでしょう。自然と、はい上がる方法に目がいきそうですよね。

2章

その人との関係に「いい変化」が！

ありがとう

「認める」から「認めてもらえる」

「ありがとう」と、誰かに言えば言うほど、何かとうまくいくようになります。

これには道徳論だけではなく、きちんと根拠があります。

誰かに「ありがとう」と言われたときのことを想像してみてください。自分が認められた気持ちになりませんか？　つまり、あなたが「ありがとう」と頻繁《ひんぱん》に伝えることで、相手は気持ちよくなります。すると、当然ながら、相手からあなたへの感情もよくなります。つまり、人間関係が良好になるのです。

些細なことでも「ありがとう」と言えば、雰囲気がよくなるし、相手からも「ありがとう」と言われやすくなるでしょう。

たとえば、あなたが仕事でミスをして、上司から怒られたとします。もちろん、「申し訳ありません」と謝ることは必要ですが、そのあとに「期待していただいてありがとうございます」とつけ加えてみるのです。

仕事だけでなく、友人・恋人・家族などとの関係においても同様です。あなたが「ありがとう」と言うことで、雰囲気がやわらかくなるはずです。

「ありがとう」を頻繁に口に出すことは、まわりの人にとってだけでなく、あなた自身にも、とってもいい影響を与えます。

まず、気持ちがポジティブになります。日々のささやかな出来事であっても、「ありがとう」と言うことで、幸福感や喜びを感じやすくなるのです。

また、まわりの人のいい部分をたくさん見つけられるようにもなります。

すると、ネガティブな感情やイライラする感情が抑えられます。当然、パフォーマンスもよくなるはずです。

一瞬ふれ合うだけの他人にも、「ありがとう」を言う習慣を身につけるのはどうでしょう？　コンビニやスーパーのレジで、飲食店のスタッフに、タクシーやバスの運転手さんに――。「ありがとう」と言う機会は意外とたくさんあります。

義務的に言うのではなく、言いたくなったときだけでもいいので、「ありがとう」と言う習慣を身につけたいものです。

うれしい

謙遜するのはあとでいい

誰かから何かをしてもらったとき、感謝とセットで伝えたい言葉が「うれしい」です。

誰かに何かしてあげて、一番言ってもらいたい言葉は何でしょう？
やっぱり「うれしい」ですよね？

想像してみてください。「うれしい」と言ってもらえたときのことを。
間違いなく自分も「うれしい！」と感じますよね。

つまり、**あなたが「うれしい」という言葉を口に出せば出すほど、相手はもっと「うれしい」ことをしてくれる可能性が高まる**のです。

また、誰かからほめられたとき、ついつい「いえいえ、そんなことありません」と謙遜《けんそん》しがちです。そんなときもまず、「うれしい」と口に出すことが大切。
ほめた人もそのほうがうれしいものです。

そのあとで「まだまだですけど」「本当にそうなれるように頑張ります」などと、謙遜のフレーズを入れればいいのです。

「うれしい」という言葉はまわりを明るくします。

さらに、特別なことをしてもらっていなくても、「うれしい」は使えます。

・自分のために時間をつくって会ってくれた
・久しぶりに電話やラインで連絡をくれた
・何かいい言葉をかけてくれた
・別れ際に振り返って手を振ってくれた

何だっていい。

誰かにちょっと気にかけてもらったとき、素直に「うれしい」と言ってみませんか？　もっと「うれしい」ことが、起こるかもしれませんよ。

「うれしい」という言葉はまわりを明るくさせるのです。

お先にどうぞ

譲れば譲るほど「いいこと」が舞い込む

「お先にどうぞ」と誰かに何かを譲れば、結果として自分自身の得になることをご存知ですか？

「え？　譲るということは、直接的には自分が損するのでは？」と思ったかもしれません。

しかし、誰かに何かを譲れるということは、気持ちの余裕があるということ。**気持ちに余裕があると、いろいろなものが見えてきます。結果として、チャンスに気づく可能性が高くなるのです。**

脳科学的な根拠もあります。先に譲るというような親切な行動を取ると、オキシトシンが増加することが知られています。

オキシトシンは、一般的に「愛情ホルモン」と呼ばれていますが、親切な行動を取ると分泌されることから、「思いやりホルモン」とも呼ばれています。

オキシトシンが分泌されると、人は幸せを感じます。

人類は原始時代から集団生活を基本にしてきました。互いに助け合わないと生き残れません。

仲間との協調性を欠き、孤独になることは、すなわち死を意味していたのです。

だからこそ、人に親切にすると幸せを感じるように進化してきたのでしょう。

・エレベーターで「開」のボタンを押して、先に降りてもらう
・建物のドアを開いて待ってあげる
・車線変更をしようとする車を入れてあげる

何だっていいのです。「お先にどうぞ」と譲るだけで「いいこと」が起きるのですから、どんどん譲っていきませんか？

また、「お先にどうぞ」と言われたら、「いえいえ」などと譲り合わず、素直に受け入れて、「ありがとうございます」と返すほうがスマートです。

何で○○してくれないの？

話をこじらせないために

パートナーや子ども、親などの家族に不満をもつことがあります。

ついつい、「何で連絡してくれないの？」「何で片づけてくれないの？」「何で気を遣《つか》ってくれないの？」などの言葉を口にしてしまいがちです。

このような言葉は、口にすればするほど「運」が悪くなります。

なぜなら、「どうして私の思ったことをしてくれないの？」「どうして私のことを大切にしてくれないの？」と相手に対して思っている限り、**完全に相手任せで、自分では問題の解決を放棄してしまっている**からです。

つまり、「運」を相手に委《ゆだ》ねているということです。

まずは、自分でできることから始めてみることが大切。

「ありがとう」と感謝する。「ごめんね」と謝る。「大丈夫？」とやさしくする。

そのように自分の言動が変わると、自然に相手の言動も変わってくるものです。

好運に出合わない人間などひとりもいない。
それをとらえなかった、というまでだ。

デール・カーネギー

幸運をつかむには、方法も法則も、テクニックもない。
あるとすれば、ただひとつだけ。
自分は運がいいと思うこと。

秋元康

間接的にほめる

ウィンザー伯爵夫人のセリフが物語るもの

人は、人からほめられるのが大好きです。まわりの人を喜ばせる存在になることができれば、自然とあなたの人間関係はうまくいくようになるでしょう。

とはいえ、目の前にいる相手を直接ほめるのは、抵抗があったり恥ずかしかったりすることもあるでしょう。その場合は**「〇〇さんがほめていたよ」と、間接的にほめると、より信憑性《しんぴょう》や信頼性が増します。**

このような「第三者が発信した情報は信頼されやすい」という人間の心理傾向を、「ウィンザー効果」と呼びます。

『伯爵夫人はスパイ』というミステリー小説の中で、ヒロインのウィンザー伯爵夫人が「第三者のほめ言葉がどんなときにも一番効果があるのよ、忘れないでね」と言ったセリフが由来です。

目の前にいる相手からほめられても、「どうせお世辞《せじ》でしょ」と思う人が多いのですが、他人がほめていたという間接的な評価を聞くと真実味を感じます。

また喜びも大きくなり、ほめてくれていた人はもちろんのこと、それを報告してくれた相手にも、強く好感を抱く傾向があります。

あなたがAさんをほめていたことを、BさんがAさん本人に伝えてくれるかもしれません。そうなるとAさんは、あなたに好意を抱きます。本人がいないところでこそ、できるだけ人をほめるのです。

さらに、そのほめ言葉を自分自身も聞くことになるので、あなたの脳はだまされて、自分がほめられたと勘違いするかもしれません。

そうなると、自己肯定感も高まります。「いいこと」づくめです。

一方で、一般的にその場にいない人のことは、悪く言いがちです。

誰かが陰で自分の悪口を言っていたと知ると、直接言われるよりも腹が立ちます。たとえ本人がいなくても、その人の悪口は言わない——それが、人間関係をシンプルにする秘訣です。

お礼はすぐに

だから「スピード」は大事

誰かからご馳走《ちそう》になった。何かを送ってもらった。

そんなときは、できるだけ早くお礼を言うことが大切。そうすることで、あなたはますます好かれるようになります。

お礼をすること自体は、当たり前のことでしょう。

重要なのは、スピードです。

お礼をすぐにする人は、相手から信頼されます。早すぎて悪いことは、何ひとつありません。

あとでお礼をしようと思っても、ついつい忘れてしまうこともありがちです。

また、何かをしてもらったことに対して、1か月後にお礼を言っても、したほうはすでに忘れてしまっていたり、感情が冷めてしまっているかもしれません。

まさに、「鉄は熱いうちに打て」です。

お礼の方法は、メール、電話、手紙などが考えられます。

相手との関係性や世代によって、どの方法が適切か変わります。現代においては、メール（ラインなどのメッセージアプリを含む）が適切な場合が多いでしょう。何かを送ってもらって、その相手の住所がわかっている場合などは、お礼の手紙を送るほうがいいかもしれません。

内容は難しく考える必要はありません。

そのときの素直な感情を書けばいいのです。

しっかり意味のあることを書こうと思っていると、ついつい時間が経過してしまいます。そして**時間がたてばたつほど、短いお礼は言いにくくなります。**

たとえば、誰かから本を送ってもらったとします。

読んで感想を書こうと思っていると、それだけで日にちがたってしまいます。

そんなときはまず、「本を送っていただいてありがとうございます。タイトルがとても興味深いです。楽しみに拝読します」と、送ってもらったことにお礼を言えばいいのです。

やさしい言葉を使う

シンプルなほうが心に響く

文章でも話し言葉でも、人から評価されたいと思うと、ついつい難しい言葉や言い回しを使いがちです。

しかし、いい評価を受けるためには、やさしい言葉を使うほうがいいでしょう。

プリンストン大学心理学部のダニエル・M・オッペンハイマーは、長く難しい単語を使う場合と使わない場合で、文章の印象がどう変わるかを調べました。

同じ内容の文章で、「長く難しい言葉」を使ったものと、「シンプルでやさしい言葉」を使ったものを大学生に読ませると、シンプルでやさしい言葉のほうが知的な印象が高く、書き手への評価が高い結果になったのです。

難しい言葉を使うことが、「知的」な印象につながるわけではありません。むしろ、**「やさしい言葉」を使ったほうが「知的」に思われた**のです。

これは、私たちの脳が「複雑な情報」を嫌い、「スムーズに処理できるシンプルな情報」を好む傾向にあるためだと考えられます。

文章だけではありません。社名、商品名、サービス名などもできるだけ、シンプルでわかりやすく、発音しやすいものにしたほうがうまくいくでしょう。

何かをネーミングする際、候補として書いたものを、次の「目・口・耳・脳・心」の5つの視点からチェックすることが大切です。

①目……文字にしたときに、わかりやすくバランスがいいか？
②口……声に出してみたときに、言いやすいか？
③耳……耳から聞いたときに、聞こえ心地はいいか？
④脳……商品の特性を正確に表わしているか？　すぐに記憶してもらえるか？
⑤心……その商品名が、会社のカラーや品性などに合っているか？

このチェックで大丈夫であれば、まずは第一段階クリアです。頭にスッと入って、いつまでも記憶に残るネーミングになっている可能性が高いということです。

でも

思わず言い始めてしまう前に

ついつい口にしてしまいがちな言葉が「でも」です。相手が話している内容を否定したり遮《さえぎ》ったりする言葉ですから、言われた相手はいい気がしません。「でも、そんなこと言うけど、『でも』を使わずにどうやって話すの?」とあなたは思ったかもしれません。

相手が話している内容に「でも」と否定したくなったら、まずはひと呼吸置きます。そして、**「なるほど」「たしかに」などのように、まずは相手を肯定するフレーズから始める**のです。

内容に反論したい場合は、「たしかに。ただ、こんなふうに考えられませんか?」と言ってみるのはどうでしょう?

相手は、一度きちんと受け止めてもらえたという思いがあるので、たとえ反論されても、そこまで悪い気はしません。

僕自身、小学校も中途《ちゅうと》でやめ、しかも生まれつき体も弱く、いうならばそういう悲運の持ち主でも、今日まで何とかやってこられた。そういう僕の運と比べると、あなたには、さらによき強い運があるかもしれないのですね。

松下幸之助

幸運の女神は、準備している者にしかほほえまない。

ルイ・パスツール

いいね！

英語の"Like"をなぜこう訳したか

誰かに対して「いいね！」を言い続けていると、「運」がよくなります。「いい」は「よい」のくだけた言葉。そこに、親愛・尊敬の気持ちで話すときに使う、接尾語の「ね」がついたものです。

「いい」は漢字で書くと、「良い」「好い」「善い」などが当てはまります。「良い＝すぐれている」「好い＝このましい」「善い＝正しい」というふうに、それぞれ微妙にニュアンスは違いますが、どちらにしても「望ましい方向」の言葉であることは変わりません。

2010年代、SNSが浸透《しんとう》したことによって、広がっていった言葉です。ほかの利用者の投稿に対して、ボタンをタップすることによって、共感の意思を示せる機能のことをいいます。もともと、英語では「Like」でしたが、日本語にするときに「いいね！」が採用されました。

また、プロのカメラマンが人物を撮影するとき、「いいね！」などとモデルに向かって何度も言うことがあります。これには、ダブルの効果があるといいます。

まずはモデル側。

無言で撮影していると、撮られる側は「これでいいのかしら？」と不安になります。**「いいね！」などの肯定の言葉をかけられることによって、初めて安心できます。その結果、ますますいい表情になる**のです。

さらにカメラマン自身のテンションを上げる効果もあります。

「いいね！」と言うことでモデルがさらにいい表情になると、よりテンションが上がります。「いいこと」づくめなのです。

これらの効果は、一般的にコミュニケーションの場でも同じです。

誰かが提案した「企画」「プラン」などに対して、あなたがまず「いいね！」と言うことで、相手は安心するでしょう。

あなたのテンションも上がります。何か改善してほしい部分があれば、「いいね！」と言ったあとに、指摘すればいいのです。

助けてください

アドバイスをもらうだけでいい関係に

何か困ったことやトラブルが起きたとき、どうしますか？

自分の力だけで、何とかしようとする？

誰かに助けを求める？

性格によると思いますし、自力で解決するという考え方も立派です。

ただし、ときには「助けてください」と言うのも有効です。

多くの人は、迷惑をかけてはいけないと、他人に助けを求めることを遠慮します。自分の弱さを見せたくないという、見栄やプライドもあります。

そんな見栄やプライドを捨てて、「助けてください」とまわりの人に言えると、多くの人が協力してくれるはずです。

そして、**あなたを助けた人は、あなたのことを好きになります。**

「え？　なぜ、助けられたほうではなく、助けたほうが好きになるの？」と思ったかもしれません。なぜなら、助けてあげた人は「この人をこんなに助けたということは、きっと自分はこの相手のことが好きなのだろう」と思うようになるからです。これは心理学者のレオン・フェスティンガーが提唱した、「認知的不協和の解消」に基づいています。

人間は、気持ちと一致した態度を取りたい生き物です。そして、「要求を聞いた」＝「相手に好意がある」と、脳で錯覚を起こすのです。

つまり、あなたが誰かに助けてもらうほど、相手から好かれるということにほかなりません。

たとえば、相手の得意な分野でアドバイスをもらうのはどうでしょう。

「教えていただけませんか？」

「アドバイスをいただけますか？」

などのように。

そしてアドバイスをもらったら、すぐに感謝をして、実行したことや成果などをマメに報告すると、さらに「いいこと」が起こるかもしれませんよ。

天才！

「たかがそんなことで!?」だからいい

本来は、生まれつきすぐれた才能をもっていて、大きな影響を及ぼすレベルの業績を残した人に使う言葉です。

大半の人にとっては、関係のない言葉かもしれませんが、あえて誰かに「天才！」と言ってあげると、相手を気持ちよくすることができます。

・会議などで、いいアイデアを出した相手に向かって
・パソコンやスマホの設定をやってくれた相手に

「たかだかそんなことで？」と大げさだと思う人も多いかもしれません。

しかし、**「天才！」と言われてうれしくない人は少ない**でしょう。特に男性は、その傾向が顕著《けんちょ》といえます。口にすれば「いいこと」が起こるかもしれません。

とはいえ、ちょっとしたことであまりに「天才！」を連発しすぎると、その価値を下げてしまうので要注意です。

そんなことも知らないの？

「ムッ」「モヤッ」を生み出さないように

誰かと会話していて、知らなかったことが出てきたとします。

そんなとき、会話の相手から「そんなことも知らないの？」と言われたら、どんな気分になるでしょうか？

普通は、かなりムッとすると思います。温厚な人でも、モヤッとすることが多いでしょう。なぜなら、**バカにされていると感じるから**です。

ということは、相手に言っても「いいこと」が何も起こらないフレーズだということです。

それはたとえ、自分の家族が相手であってもです。

あなたの常識が他人の常識とは限らない。

そう思うこと自体、視野がせまい証拠だといえるでしょう。

また、本当に深い知識をもっている人は、このような言葉は使わないものです。

教えてもらったら即行動に移す

「すぐに」は案外難しい

おもしろい本を紹介してもらうことがあります。

そんなとき、あなたはどのような行動を取るでしょうか？

「おもしろそう」とは言うものの、そのまま結局、本を買わずに忘れてしまうというケースが多いのではないでしょうか？

そのような行動は、あなたの印象を悪くします。

帰り道に書店に寄って買う。その場でネット書店で買う――。

買うという行動にすぐに移せば、きっと「いいこと」があるでしょう。

なぜなら、紹介してくれた人は、あなたの素直さと行動力を必ず評価するから。

実際に読むのはあとになっても、まずは本を手に入れたことを、紹介してくれた人に報告します。

さらに読んだあとに、感想や仕事に活かしたいことなどを報告すると、より目にかけてくれるでしょう。

これは本に限りません。おもしろい映画や音楽、日用品、おいしいお店を紹介してもらったときでも同様です。本のように、すぐに買うという行動に移せないものであっても、**メモを取るなどして、できるだけ記憶に残すことが大切です。その場でスマホで検索して、どんなものかをチェックしておくのもいい**ですね。

そしてメールなどで、「○○という映画を教えていただいて、ありがとうございます。近々必ず観ますね」などとお礼を送ります。

そして観ることができたら、また報告のメールを送るのです。

もちろん、高額商品や怪《あや》しそうな健康食品などは別ですが、数千円程度のものであれば、すすめられたものは、すぐに買ったり観たりするなどといった行動につなげることが大事です。

そのような積み重ねが「信用」をつくり、人間関係を良好にするのです。

反対に、「あとで買いますね」と口先だけで行動が伴わなければ、信用を大きく損なうことになりかねないので要注意です。

みんなに好かれようと思わない

こんな「開き直り」は欠かせない

あなたは人から好かれたいですか？

多くの人は、できることなら「好かれたい」「人間関係を良好に保ちたい」と思っているのではないでしょうか？

しかし、「みんなに好かれたい」という思いが強すぎると、かえって逆効果になることがあります。

なぜなら、自分の本当の感情を押し隠そうとしてしまいがちになるからです。「自分はまわりからどう思われているんだろう」と他人の評価ばかりを気にすると、まわりから期待されるような人間を演じてしまい、気がつくと自分を見失ってしまう可能性があります。

また、嫌われるのを恐れるあまり、たとえば、自分が大量の仕事を抱えているときでも、他人を頼ることがなくなります。それどころか、頼まれるとついつい引き受けて、オーバーワークになってしまいがちです。

その結果、依頼された仕事が期日までに間に合わなくなり、間に合わせるために仕事の質が落ちてしまうと、信頼を失ってしまうことにもなりかねません。「好かれたい」と思ってやったことが、逆効果になるのです。

何より、誰からも好かれようとして「いい人」を演じると、心が疲れるでしょう。「いい人」だから「いいこと」が起こるとは限らない。

そうならないためには、**「みんなから好かれなくてもかまわない」と開き直ることも重要です。**

そもそも人は、生まれ育った環境も違えば、価値観も違う。すべての人に好かれるなんて、しょせん無理なことなんです。

それならばいっそのこと、人からの評価を気にしないことです。

まわりの目を気にすることなく、信念をもって行動することです。

そうすることで結果として、好かれる人には好かれるような人間になるのです。

「○○さんは本当にスゴい人で」

「紹介上手」は人間関係上手

あなたが知人のAさんを、誰かほかの人たちに紹介する場面を思い浮かべてください。

どのような形で紹介しますか？

そんなとき、Aさんのことを思いっ切り持ち上げて紹介する習慣をつけると、その人との距離を自然と縮めることができます。

たとえば、次のように。

「Aさんは本当にスゴい人で、ここぞという案件はすべてAさんにお任せしているんですが、いつもこちらの期待値を上回ってくれるんですよ」

もちろん、「スゴい」という形容詞は適宜《てきぎ》変えてください。

「Aさんって、本当にやさしくて……」
「Aさんって、本当に後輩思いで……」
「Aさんって、こう見えて本当にお茶目で……」
「Aさんには、いつも本当にお世話になっていて……」

少しぐらい大げさでもかまいません。

このように、**大勢の前で持ち上げられると、Aさんの自尊心や自己承認欲求は、これでもかというほど満たされます。**

結果として、Aさんはあなたのことを特別に目をかけてくれたり、ピンチのときに助けてくれるかもしれません。

そんな下心は別にしても、誰かを気持ちよくさせることは、あなた自身にとっても気持ちのいいことのはず。

思いっ切り持ち上げて紹介する習慣をつけるといいでしょう。

ムカつく

イヤな感情を強めていいの？

イライラすることがあると、ついつい「ムカつく」と言ってしまいたくなるものです。しかし、**口に出せば、自分の怒りの感情を強化するだけ**です。

怒りの感情は、心だけでなく、自身の体にも悪影響があるといわれています。自律神経が乱れて、心拍数や血圧が上昇し、血流の悪化を招くというのです。

そもそも、「ムカつく」は平安時代からある言葉で、胸やけを起こしたり、吐き気を催《もよお》している状態を指して使われた言葉でした。

それが1970年代後半から若者を中心に、「腹が立つ」という意味で使われるようになったのです。つまり、「ムカつく」と口に出すことは、自分で自分のことを病気だと言っているようなもの。「いいこと」は何もない。

「ムカつく」と口にしそうになったら、自分が何に対して腹を立てているのかを明確にして、その怒りをポジティブなエネルギーに変えることが大切です。

3章

ここ一番でうまくいく人

何とかする

楽観主義か悲観主義か

「楽観主義」と「悲観主義」のどちらが成功するかについては、さまざまな議論があります。

最悪のケースを想定する悲観主義のほうが、成功の確率が上がるという実験結果もあります。少なくとも、失敗の確率が下がることは間違いないでしょう。

人には、「楽観バイアス」というものがあります。「自分だけは事故に遭《あ》わないだろう」「自分だけは感染症にかからないだろう」「自分の家だけは災害に遭わないだろう」というように、実際よりも楽観的に考えてしまうという習性です。

このような根拠のない楽観バイアスをもっていると、もしもの事態が起こったときにあわてふためいて、適切な対応が取れないこともあります。

それに比べて、悲観主義は、最悪を想定しているため、実際にそのような事態が起こっても冷静に対処できるというのです。

しかし悲観主義だと、失敗を恐れてなかなか最初の一歩が踏み出せません。また、小さなミスにクヨクヨしてしまうというケースも多い。本当は、**楽観主義と悲観主義の両方のバランスを取ることが、一番成功の確率を上げる**のです。

同じ楽観主義でも、非合理的楽観主義と合理的楽観主義によって大きく結果が分かれます。非合理的楽観主義とは「(努力しなくても放っておいても)きっと何とかなるだろう」という考え方です。一方、合理的楽観主義とは「根底は何とかなるだろうと期待をしつつ、最悪のことも想定しておいて、そんな状況になっても自分の行動によって状況を上向きにできるという信念をもっている」という考え方です。

当たり前ですが、合理的楽観主義のほうが成功する確率が高くなります。「何とかする」という言葉は、どんな困難が起きても、自分の力を信じているということ。自分の力で「いいこと」を起こすという決意表明なのです。

あなたも困難に直面したとき、「何とかする」と口に出してみませんか。

肩の力を抜く

おもしろいくらい視野が広くなる

いろいろな出来事に対して、肩の力を抜いて取り組んだほうがうまくいくことがよくあり、「いいこと」が起こりやすくなります。

「肩の力を抜く」というのは、気負うことなく穏《おだ》やかに落ち着いて物事に対処することをいいます。

「運」の研究家であるリチャード・ワイズマン博士は、「肩の力を抜くことと、運のよさとの関係」に関する実験を行ないました。

被験者に新聞を1部ずつ渡し、その中に写真が何枚載《の》っているかを数えてもらうという簡単な実験です。

普通に数えていくと2分くらいかかります。しかし、「自分は運がいい」と思っている人の多くは、たった数秒で数え終えたのです。

どうしてでしょう？

それは、新聞の2ページ目に、次のような文章が書かれた広告があったからです。「ここで数えるのをやめてください。答えは43枚です。このメッセージを読んだと申告すれば、100ポンド差し上げます」

「運がいい人」はすぐにその広告に気づきましたが、多くの人は、写真を数えるのに夢中で気がつかなかったのです。

この結果から、次のようなことがわかります。

「運がいい人」は、肩の力が抜けているので、チャンスに気づきやすい。

「運が悪い人」は、緊張や不安を感じやすく、自分のまわりにあるチャンスに気づかない場合が多い。

「肩の力を抜く」ことは、言いかえると「視野を広くもつ」ということです。

「視野を広くもつ」ことで、自分の役に立つ情報に自然と気づきやすくなります。

その結果、さらに「運」がよくなり、「いいこと」が起こるのです。

無理

そう決めつけてしまっていいの？

「道理・理屈・理由」などが「無い」ということから生まれた言葉です。

もともとは、「実現する可能性がほぼゼロ」「強引に実現させると、大きな問題が起こる」という意味でした。しかし最近は、単に「やりたくない」という意味で使われることが増えてきました。

「どうせ無理」という表現もあります。こちらは、やる前から「無理」と決めつけている言葉です。

「無理」は、「不可能」などと同様に「完全否定」の意味。最初から完全否定してしまっては何事も始まりません。

本当に「無理」なのか、まずは行動を起こしてみませんか。

まずは取り組んでみることで、案外うまくいきそう……なんてこともあるかもしれませんよ。

一所懸命

ひとつに懸ければ、道は開ける？

「一生懸命」ではなく、「一所懸命」です。

「ひとつのことに命を懸《か》けて取り組む」という意味の四字熟語です。

その語源は、鎌倉時代の武士が、将軍から賜《たまわ》った（先祖から譲り受けた）一か所の土地を、命懸《が》けで守ったことが由来です。

近世になると、「一所」が「一生」と書かれるようになり、読み方も「いっしょけんめい」に加え、「いっしょうけんめい」と読まれるようにもなりました。

現在においては、どちらも正しい用法です。

今置かれている場所や立場に、不満がある方もいるでしょう。たとえそんなときでも、決して腐《くさ》らず、できることに懸命に取り組むことが大切。

きっと誰かが見てくれているはずです。そんな人を放ってはおきません。

自《おの》ずと運も開け、「いいこと」が起こるはずです。

カッコいい

略されていく言葉には理由がある

「カッコいい」は、見た目・外見がこのましいさまを指します。

普通はなかなか言われる機会がない。そのぶん言われるとうれしい。相手に言ってあげると、人間関係がうまくいく可能性が高まります。

もともとの語源は、「格好」からきています。「ちょうどいい」「似つかわしい」「うまく調和している」などの状態を指す言葉です。

「格好がいい」が略されて「カッコいい」になり、昭和30年代ごろに音楽業界やテレビ業界で使われ出したといわれています。その後、一般にも流通する流行語になりました。

最近は、「カッケー」とさらに略して使われることもあるようです。

「格好がいい」が「カッコいい」になったことを思えば、さらに略されていくという流れも、当然かもしれません。

忙しい

このひと言が脳への大ストレス

何かあるたびに「今、忙しいから」「ちょっとバタバタしていて」「昨晩、寝てないんだ」などと言う人がいます。

「忙しい」と口に出すと、さらに忙しくなります。

脳に「自分は忙しいんだ」という情報を与えることでストレスがかかり、脳の働きが悪くなるからです。

忙しくなる原因は、「仕事の処理スピードが遅い」「完璧主義になりすぎている」「自分のキャパシティー以上の仕事を受けている」「ほかの人に任せることができない」などの要因が考えられます。それを「忙しい」のひと言ですませてしまうと、本来の問題が解決されないままになってしまいます。

実際に忙しくても、バタバタしていても、寝ていなくても、疲れていても、できる限り「忙しい」を口に出さないほうがいいのです。

あなたは運がいい

人事採用の基準になるのはなぜ？

自分自身に「運がいい」（44ページ）と言うことも、運をよくしますが、話す相手に向かって「あなたは運がいい」と言うことも、あなた自身の運をよくします。

「運」は伝染するからです。

運がいい人と一緒にいると、運がよくなる。

運が悪い人と一緒にいると、運が悪くなる。

これは精神論や、スピリチュアルな話ではありません。

44ページで述べたように、「運」がいいか悪いかを決めるのは、当人の思考の問題だからです。

パナソニックの創業者である松下幸之助は、採用試験のときに必ず「君は運がいいか？」という質問をしたといいます。

そして、応募者が「運がいい」と言えば採用、「運が悪い」と言えば不採用にしました。幸之助がそのような基準を設けていたのは、次のような理由があったからです。

「自分は運がいいと確信していれば、どんな困難に直面しても、それを前向きに受け入れて立ち向かう力がわいてくる。逆に、自分は運が悪いと思っていると、どんなに偏差値の高い大学を出て成績が優秀であっても、すぐに運のせいにしてあきらめてしまう」

運のいい人とかかわっていると、当然その考え方の影響を受けて、あなたも運がよくなります。一方、運が悪い人とかかわっていると、その影響を受けて運が悪くなります。

ということは、**かかわる相手も「運がいい人」であってもらわないと、あなたの運も悪くなってしまう**ということです。

かかわる相手に対して「あなたは運がいい」と言ってみれば、相手に「自分は運がいいかも」という暗示がかかります。

すると、プラシーボ効果（45ページ）で、自然と運がよくなってくるのです。

神様にフェイント

「いつもと違う行動」が巻き起こすこと

放送作家の小山薫堂《くんどう》さんが、著書の中でよく使われている言葉です。意味は、次のようなものになります。

多くの人間は、大抵は行動パターンが決まっている。決まった時間に起きて、いつもの電車やバスに乗って、会社や学校に向かう。ご飯を食べる店も、帰りに寄る場所も決まっている。空の上から見守っている神様は、「どうせお前は今日も、いつもと同じ行動をするんだろう?」と油断しているに違いない。そんなとき、フェイントをかけるように、**いつもと違う行動をすると、神様は驚く。そこから「運」が向いてくるかもしれない。**

フェイントの内容は何でもかまいません。

・ふだんと反対行きの電車に乗る
・最寄《もよ》り駅のひとつ前で降りる
・いつもと違う道を通る
・ふだんなら絶対話しかけないであろう人に、話しかけてみる
・ふだん買わないジャンルの本を買う

あなたがきっとやらないだろうな、と神様から思われている行動を取るのです。

この場合の「神様」とは、「固定観念」や「一般常識」と言いかえてもいいかもしれません。

それらを裏切ってみることで、脳は驚き、フル回転するようになります。

その結果、思いがけないチャンスを発見するかもしれないのです。

たとえチャンスを発見できなくても、脳へのいい刺激になります。

人に話せるおもしろいエピソードが見つかるかもしれません。

自分との約束を守る

「他人」は大切にするのに？

あなたは、約束をきちんと守れていますか？

他人や家族との約束を守ることは重要です。

しかし、それ以上にきちんと約束を守るべき重要な相手がいます。

それは、あなた自身です。

自分との約束は破っても誰からもわかりません。とがめられることもありません。しかし、他人からはわからなくても、自分自身が一番わかっているはずです。

自分との約束をきちんと守ることができれば、それだけで自己肯定感は高まります。すると、人生はなぜかうまくいくようになるのです。

一方、自分との約束を破ってばかりいると、自己嫌悪《けんお》に陥《おちい》ります。

脳神経解剖《かいぼう》学者として世界的な業績を残した、京都大学16代総長・平澤興《ひらさわこう》さんは、次のような言葉を残しています。

「私が私の一生で最も力を注いだのは、自分との約束だけは何としても守る、ということでした。自らとの約束を守り、己を欺《あざむ》かなければ、人生は必ずなるようになると信じて疑いませぬ」

とはいっても、なかなか守れないのが自分との約束です。

どうすれば、自分との約束を守れるようになるのでしょう?

まずは、その約束をなぜ守れなかったのかをきちんと分析することが大切です。

その上で、大きな約束なのであれば、それを分割してすぐに果たせるくらいの小さな約束にしてみるのも一手です。小さな約束を継続して守っていくことで、習慣として身につきます。そうなったら次は、少し大きめの約束を自分としてみてはどうでしょう。

そうすれば、だんだんと自分との約束を守るのが当たり前になってきます。

ピンチはチャンス

逆もあるからおもしろい

人生においては、何かの場面で苦境に追い込まれることがあります。

いわゆる「ピンチ」と呼ばれている状態です。一方で、「チャンス」は「物事をするのにいい機会」、つまり「好機」のことをいいます。

普通に考えると「ピンチはピンチ」であり、「チャンスはチャンス」です。

「ピンチはチャンス」は、矛盾《むじゅん》しているように聞こえますよね。

ではなぜ、このフレーズをモットーにすると、「いいこと」が起こるのでしょうか？

普通は「ピンチ」になると、考え方がネガティブになり、思い切った手が打てず、ピンチにより追い込まれます。「もうダメだ」と思って、何の手も打てなくなる可能性が高くなります。

しかし、「ピンチの中には、表裏一体で必ずチャンスが潜《ひそ》んでいる」「まだまだ打つ手はあるはずだ」という考え方をもっていると、どうでしょう？

「危機的な状況」を打開して、形勢を逆転するための思い切った行動が取れる可能性が高まります。

サッカーやラグビーのような対戦型のスポーツでは、攻め込まれたピンチをうまくしのぐと、カウンターで大きなチャンスを得られることは、よく知られています。ではどうすれば、ピンチをチャンスに変えることができるのでしょうか？

①「ピンチになった原因」を明確にする

まずは、なぜ今、ピンチに陥っているのかの原因を明確にします。目を背《そむ》けたくなることかもしれないし、痛みを伴うことかもしれません。

しかし、そこを明確にしないと、ピンチをチャンスにすることはできません。

②どうすれば、ピンチを打開できるか考える

原因が明確になったら、次にそれを取り除きます。その上で、どのような方法

を取れば、ピンチを打開できるかを考えます。

そのとき、ピンチを一気に逆転しようとして成功確率の低い手段を選ぶと、より大きなピンチに陥る可能性が高くなります。ある程度の大胆《だいたん》さは必要ですが、まずは①で表面化した問題を、地道に一歩一歩解決していくことが重要です。

③ 助けを借りる

ピンチのときには、何もかも自分ひとりで解決しようと思いがちです。

でも、そんなときこそ、周囲の助けを借りることが大切。プライドを捨てて、真摯《しんし》に助けを求めれば、手を差し伸べてくれる人がきっと現われるはずです。

このように「ピンチはチャンス」をモットーにすると、「危機的な状況」を打開できる可能性が高まります。

ただ逆をいうと、「チャンスはピンチ」でもあるので、チャンスのときは気を引き締める必要があるのです。

もう歳だから

「チャレンジしない人」に見られていいの？

つい、「もう歳《とし》だから」という言葉を口に出していませんか？

何か新しく始めることを躊躇《ちゅうちょ》したり、デジタル機器などの操作がわからないことを年齢のせいにしがちです。

しかし、「もう歳だから」と言った瞬間に、あなたの脳は「それならできなくて当たり前」と判断してしまいます。「いいこと」は何ひとつない。

たしかに年齢を重ねると、若いころに比べて、体の衰《おとろ》えに関する自覚症状が出てくるかもしれません。しかし、「もう歳だから」と言い訳して、新しいことにチャレンジしない姿を、まわりの人間はどう思うでしょうか？

少なくとも、尊敬をしようとは思わないでしょう。

新しい刺激を与えていれば、人間の脳細胞は、いくつになっても増殖していくといわれています。まずは、「もう歳だから」という言葉を口に出さないことです。

やれる　デキる

なぜ、いい結果になる確率が上がるのか

何かにチャレンジするときに、「やれる」「デキる」と口にすれば、実際にいい結果につながる確率が上がります。

なぜ、そんなことが起こるのでしょう？

「ピグマリオン効果」と呼ばれる、心理学の理論があります。１９６０年代にアメリカの心理学者ロバート・ローゼンタールが提唱したものです。簡単にいうと、「人は誰かに期待されると、できるだけそれに応えて努力するようになる」というものです。

自分が彫《ほ》った彫刻《ちょうこく》に対して、強い愛情を注ぎ続けた結果、とうとうその彫刻に生命が宿ったという、ギリシア神話のピグマリオンにちなんで名づけられました。

アイルランドの劇作家バーナード・ショーは、その神話をモチーフに『ピグマリオン』という戯曲《ぎきょく》を書きました。その戯曲のヒロインであるイライザの「レデ

ィと花売り娘の違いは、どう振る舞うかではなく、どう扱われるかにあるのよ」というセリフに、ピグマリオン効果の本質があります。

1960年代にローゼンタールとフォードは、サンフランシスコの小学校で、「ハーバード式突発《とっぱつ》性学習能力予測テスト」と名づけたテストを実施しました。

これは、一般的な知能テストと同じようなものなのですが、担任の教師には「これから数か月の間、成績が向上する生徒を割り出すための知能テスト」と説明をしました。そしてテスト後に、成績とは関係なく無作為に抽出《ちゅうしゅつ》した生徒の名簿を見せ、「この生徒たちが数か月後に成績が向上する可能性が高い生徒である」と伝えました。

すると、教師たちから期待を受けた子どもたちは、それを意識するようになり、結果として学習意欲が高まり、実際に成績も向上したのです。

人は、ポジティブな期待をかけられると、できるだけその期待に沿うように努力するということです。つまり、「やれる」「デキる」と口に出すことは、自分自身にピグマリオン効果をかけているといえるのです。

よくやったね

この「見える化」は誰でも気分がいい

2013年、アメリカのノースショア大学病院において、アメリーノ博士らは、「感染症予防のための手洗い」を徹底するための実験を行ないました。もともと病院のICU（集中治療室）の部屋ごとに、手洗い用の洗面台があり、ジェル状の消毒剤が置かれていました。さらに「手洗いを忘れないで」という注意書きも貼られていましたが、遵守率《じゅんしゅ》は驚くほど低かったのです。

アメリーノ博士らは、まず洗面台の近くに計21台の監視カメラをつけることにしました。20人の監視員が24時間体制でモニターを見張ることにしたのです。監視カメラは隠しカメラではなく、医師や看護師などのスタッフもその存在を知っています。それにもかかわらず、結果は散々でした。

約4か月にわたる調査で、遵守率は10％未満だったのです。

そこで、アメリーノ博士らは別の方法を考えました。スタッフたちに、自分の行動に対して、すぐにフィードバックがあるようにしたのです。

具体的には、各部屋ごとに電光掲示板が設置され、「現在の手洗い遵守率」の数値が可視化《かし》されるようになりました。医師や看護師などの職員が、手洗いをするたびにその数値が上がっていきます。また、手洗いした人には、「よくできました！」などの好意的なコメントも掲示されます。

この施策《しさく》による変化は劇的なものでした。約4か月の調査で、遵守率は一気に8割以上になり、その後、約1年半の継続調査では9割近くまで上昇しました。

なぜ、これほどまで効果が現われたのでしょう。それは、**自分がやった正しい行動が可視化され、すぐに肯定的にフィードバックされたから**だと考えられます。その結果、手洗いが習慣化され、高い遵守率をキープするようになったのです。

つまり、こういうことです。あなたが仕事でリーダー的な役割を演じるとき、部下などに常に「よくやったね」と声をかけることが重要だということ。

肯定的なフィードバックをくり返すことで、部下たちのモチベーションが上がり、結果を出してくれます。それは、あなたにとっても「いいこと」のはずです。

小さな成功体験を積む

「クリア！」が人を強くする

目標を達成して成功体験を積み重ねると、自信がわいてきます。失敗はとても重要です。そこから学ぶべきことも多いでしょう。しかし失敗が続くと、多くの人はモチベーションを維持することが難しくなり、新しい挑戦をするのをやめてしまいがちです。

一方で、一度でも成功を体験すると、「自分自身に自信をもつ」ことができるようになります。

さらにそれが積み重なると、まわりからの評価も高くなるので、より自信が高まり、新しいことにチャレンジするようになります。それがたとえ失敗しても、途中であきらめず、成功するまで頑張ることができます。

とはいえ、いきなり大きな目標を達成するのは難しい。だからこそ、**小さな目標を設定しておき、まずはそれをクリアしていく**ことから始めるのです。

また、同じことを達成しても、ある人は成功ととらえ、ある人は失敗ととらえることがあります。

たとえば、受験において、ある学校が第一志望のAさんと、すべり止めのBさんがいたとします。どちらもその学校に進学できた場合、それは、Aさんにとっては成功体験ですし、Bさんにとっては失敗体験になります。

この場合、Aさんのほうが、その先の道が開ける可能性が高いでしょう。

もちろん、Bさんが気持ちを切りかえて奮起《ふんき》すればいいのですが、自分は失敗したとネガティブにとらえてしまうと、何かとうまくいきません。なぜなら、自分に自信がもてないために、常に「まわりの人たち」と比較してしまいがちになるからです。

「なんで自分が、こんな劣《おと》った人たちと一緒にいるんだ」「自分は、本来はもっと違う場所にいる人間なんだ」などと考えて日々を過ごすと、自己肯定感が低く、自信はないのにプライドだけが高い人間になってしまいます。

そうならないためには、小さくてもいいので、成功体験を積むことが大切です。

〇〇すればよかった

「挽回」することに意識を向ける

過去に決断したことを「ああすればよかった」「こうすればよかった」と後悔しても、今さら変えることはできません。

もし、その瞬間に戻れて決断を変えられたとして――。本当に、よりよくなる可能性しかないのでしょうか。より大きな失敗をしていたかもしれません。

過去の決断を後悔する人は、どんな決断をしても、結局は後悔している可能性が高いといえるでしょう。「いいこと」は何も起こりません。

もちろん、失敗したことを反省することは大切です。

そこから教訓を導き出して、「今から挽回《ばんかい》できることはないか」「次はこうしよう」と、視点を現在や未来に移すことには、意味があります。

「〇〇すればよかった」と口に出そうになったら、**「今から挽回できることはないだろうか？」「次はこうしよう」**と口に出してみてはどうでしょう。

運がよくなりたければ、ほほえんでいればいい。
人にやさしくすればいい。
思いやりとやさしさで、運は開ける。

美輪明宏

努力と根気と勉強、
こういったものが、運をとらえるきっかけになる。

田中角栄

「楽しく努力できること」を見つける

何かに打ち込んでいる人は輝く

人間の脳が一番活性化するのは、楽しんで何かに打ち込んでいるときです。

論語にも、

「これを知る者は、これを好む者に如《し》かず。これを好む者は、これを楽しむ者に如かず」（ある物事に知識がある人は、その物事を好きな人にはかなわない。ある物事を好きな人は、その物事を楽しんでいる人に及ばない）

という一節があります。

超訳すると、「楽しんで仕事している人には誰もかなわない」ということです。

「フロー」と呼ばれる状態があります。「ひとつの活動に没頭するあまり、ほかのことが気にならなくなる状態、またはその経験がとても楽しいので、ものすごい努力や労力をかけていても気にならない状態」のことで、心理学者のミハイ・

チクセントミハイによって名づけられました。

フロー状態に入ると、人は「幸福感」や「高揚感」を覚えます。

そして、大きな成果を生み出すことができます。

あなたには、「簡単にフロー状態に入れること＝努力を努力と思わず、楽しめること」はありますか？

まずは、それを見つけることが重要です。

そこに、あなたの最大の才能が隠れている可能性があるからです。今は、特段高い能力でなくてもかまいません。

コツコツと継続していくと、確実に力がついてきます。

何しろ、どんなに努力しても、それを努力と感じないのですから、時間はいくらでもかけられるでしょう。

逆に、なかなかフロー状態にならず、努力することが苦しいとばかり思うのだとすると、その分野には才能がないということかもしれません。

直感を鍛える

「なんとなく」を見逃さない

物事を直感で決められると、「運」がよくなります。

本書で何度も登場しているリチャード・ワイズマン博士の研究においても、「運のいい人」は「運の悪い人」に比べて、直感を正しいと信じて行動していることがわかりました。

しかし多くの人は、直感よりもまわりの意見を気にして選んでしまいがちです。

「なんとなくB案がいいと思うけど……、みんなが推《お》しそうなのはA案だし」
「この人ともっとしゃべりたいけど……、気持ち悪いと思われないかな」
「この店よさそうだけど……、グルメサイトの評価は低いしな」

そうしてまわりの意見を気にして、うまくいかなかったときは、なぜ最初に思った行動を取らなかったのだろうと、後悔してしまいがちです。

それに対して、**成功を積み重ねて自分に自信をもっている人は、「なんとなく」という直感を重視して選択します。**この「なんとなく」は、当てずっぽうとは違います。ちゃんと「過去の体験」という根拠に基づいているからです。

一流の人たちほど「直感力」を重視するのは、直感には過去の経験のデータが蓄積されていることを知っているからでしょう。

伝説の雀士《じゃんし》である桜井章一さんは、五分五分の選択肢があったときは必ず、最初にいいと思ったほうを選択するといいます。そうすることで、決断に迷いがなくなり、直感がますます磨かれていくからです。逆に迷えば迷うほど、「運」はどんどん遠ざかっていきます。

とはいえ、これまで直感を鍛《きた》えてこなかった人が、いきなり直感だけに頼っても、うまくいかないことが多いでしょう。

その場合、結果が出たら、なぜうまくいったか、うまくいかなかったのかを、きちんと検証することが大切。続けていくことで、直感は鍛えられていきます。

一石三鳥

何かやったら、必ず3つ以上「いいこと」をつくる

「一石二鳥」の誤植《ごしょく》ではありません。「一石三鳥」は、ナレーターの下間都代子《しもつまとよこ》さんのモットーです。

「一石三鳥」は、60ページの「三方よし」と近い意味で使っているのですが、よりカジュアルで勢いがある言葉です。

ちなみに一石二鳥は、イギリスの古くからのことわざが訳されて四字熟語になったもの。「ひとつのことを行なうだけで、ふたつの利益を得ること」という意味です。

「一石三鳥」はさらにその上を目指すもので、**「ひとつのアクションで、自分と複数の相手にいいことを起こせないか？」**という考え方です。しかも、ただ自分が利益を得るだけでなく、みんなに利益が生まれるようにすることがミソです。

このように考えると、自分にまだまだ伸びしろが見つかりそうですよね。

もうダメ

心がくじけそうになったら

ずっと頑張ってきたのに、なかなか成果が出ないときがあります。

そんなときは、「もうダメ」と言いたくなることもあるでしょう。

しかし口に出したからといって、局面が変わることはありません。それどころか、**「もうダメ」と弱音《よわね》を吐《は》いた瞬間、気力までもが低下してしまいます。**

すぐに「もうダメ」と言うのが口グセになると、大きな目標は達成できません。

本当にすべての手を尽くしたといえるか？　ほかの方法はないのか？

もう一度、よく考えてみることが大切です。

執着《しゅうちゃく》心をもちすぎるのも、身動きを取れなくしてしまいますが、何でもすぐにあきらめてしまっては、いい話にも気づけません。

くじけそうになったときは、「もうダメ」ではなく、「もう少しだけ頑張ろう」と口に出してみるのはいかがでしょう？

4章

「起きてしまったこと」にどう対処する？

よかった

「よくなかった」ときに言ってみる

いいことが起きたときに、「よかった」と口にすることは自然です。でも、**不運なことが起きたときこそ、「よかった」という言葉を口に出したい**ものです。

その不運が好運に変わるかもしれないから。

ビジネスコンサルタントで作家の和田裕美《ひろみ》さんは、「人生よかったカルタ」という遊びを提案しています。「大人版」「こども版」「おじさん版」があり、カードに書かれているネガティブなフレーズから、「それはよかった。○○だから」というふうに、マイナスをプラスに変えるというものです。

たとえば、「こども版」の「人生よかったカルタ」には、次のようなことが書かれています。「冷たい態度を取られてよかった」「仲間外れにされてよかった」「転校してよかった」——ではそれぞれ、どんな回答例があるのでしょう。

「冷たい態度を取られてよかった」↓誰にでもやさしくしようと思えたから
「仲間外れにされてよかった」↓ひとりぼっちの人の気持ちがわかったから
「転校してよかった」↓新しい友だちがたくさんできたから

もちろん答えは無限大にあり、決まった正解があるわけではありません。

このカルタは和田さんが「陽転思考《ようてんしこう》」と名づけた、「起こった事実はひとつだけど、見方を変えることでポジティブに変換できる」という考え方がベースになっています。そして、「運」をよくする上でも、この「見方を変える」という考え方が非常に重要なのです。

陽転思考は、ただのポジティブシンキングではありません。ポジティブシンキングはいいことだけをイメージして、できるだけネガティブなことは思い浮かべないという考え方です。一方、陽転思考は、一度ネガティブな要素を受け入れた上で、それをどうポジティブに変換していくかが重要です。

科学的には、陽転思考のほうが「運」がよくなる可能性が高いでしょう。

ま、いいか

「取り越し苦労」と上手にサヨナラ

一般的に何かの目標を達成するためには、あきらめない粘り強さが必要です。それはそれで大切ですが、どうしても達成できないときもあります。ときには、できない自分を受け入れることも必要でしょう。

そんなときは**「ま、いいか」とつぶやいて、気持ちを切りかえる**と、うまくいくことがあります。

ダメだったことや、手に入らなかったものを悔やんでクヨクヨしているよりも、気持ちを切りかえて新しいチャレンジをするのです。

そのほうが、「いいこと」が起こる可能性が高いと思いませんか?

そもそも、物事に執着しすぎると、あまりいいことはありません。

「お金がなくなったらどうしよう?」

「彼(彼女)なしには生きていけない」

「どうしても、あのバッグが欲しい」

このように、執着とは、現在もっているものや、手に入れたいものに、心がとらわれて、手放せなくなってしまっている状態です。

なぜ、このような気持ちになるのでしょう？

それは、「恐れ」や「不安」の気持ちがあるからです。何かに執着することで安心感を得ようとしているのです。

そのような気持ちがあると、当然、視野がせまくなります。いい話も見逃してしまう可能性が高くなります。

また、過去にあったイヤな出来事や人に対して、「許せない」という思いに執着している人もいるでしょう。このような思いは、結局あなた自身の重荷になるだけで、何の得もありません。

そのような執着を捨てて、軽やかに生きれば、心も軽くなります。

不思議なことに、執着を手放すと、必要なものが入ってきます。

結果として、未来が開けてくるのです。

生きてるだけで丸儲け

奇跡だと思えば怖いものはない

明石家さんまさんが、座右《ざゆう》の銘《めい》にしているフレーズが、「生きてるだけで丸儲《もう》け」です。

さんまさんの娘で、タレントのＩＭＡＬＵさんの名前の由来（冒頭の「イ」と丸儲けの「マル」）になったことでも知られています。

１９８５年８月12日に、日本航空１２３便の墜落事故がありました。５００人以上の乗員乗客が亡くなった、単独機としては世界最悪の事故です。お盆前の夕方の便で満席。坂本九さんをはじめ、著名人も数多く亡くなりました。

さんまさんも、大阪でレギュラーだったラジオ番組「ＭＢＳヤングタウン土曜日」の生放送に出演するために、当初この便に乗る予定でした。

しかし、フジテレビの「オレたちひょうきん族」の番組収録が早めに終わったため、１便早い全日空便に振り替えました。そのため難を逃《のが》れたのです。

「本当ならば、あの事故で亡くなっていたのかもしれない」という思いから、「生きてるだけで丸儲け」を座右の銘にするようになったといいます。

このような体験がなかったとしても、そもそも、**この世に生を受けたこと自体、スゴいこと**なのです。

特定の男女が出会い、特定の卵子に、数億個の精子のうちのたったひとつがたどり着いて、できた生命です。違う組み合わせだと、あなたになっていません。

その確率だけでも天文学的な数値なのに、それと同じことが母方の先祖でも、父方の先祖でも起こってきたのです。

そうやって考えていくと、今この本を読んでいる自分が存在していること自体、奇跡といってもいいでしょう。

生まれただけで相当に「運」がいいのです。

「運」が悪い人なんてこの世に存在しません。

まさに生きてるだけで満点であり、丸儲けなのです。

ツイてない

悪い流れを断ち切るには？

「ツイてる」（18ページ）と口にすると「運」がよくなるのとは反対に、「ツイてない」と口にすると「運」が逃げていきます。

そもそも、「ツイてない」とは、どのような状況なのでしょうか？

「ゲシュタルト形成」という心理学用語があります。過去の経験から未来を予測し、「こうなるはず」と思い込むことです。そして、現実がその予測から悪いほうに外れると、人は「ツイてない」と感じるのです。

脳には物事を単純化して、つなぎ合わせる働きがあります。単純化したほうが便利だからです。**アクシデントなどの原因を「ツイてない」と単純化してとらえると、本当の理由や原因が分析されないままになってしまいます。**

何でも「ツイてない」で終わらせずに、なぜそのようなトラブルに見舞われたのか、きちんと分析して対処するようにすれば、自然と運はよくなるでしょう。

すてき

いいめぐり合いを生むキーワード

「すてき」という言葉はすてきです。

男女年齢を問わず、相手の発言や行動にも、洋服や持ち物などにも使える万能のほめ言葉です。漢字で書くと「素敵」が一般的。「素適」「素的」と表記されることもあります。これらはいずれも当て字で、新聞や放送などでは、原則としてひらがな表記が推奨《すいしょう》されています。

「すてき」は「ある物事が、自分の感覚や嗜好《しこう》と合っていて心が引かれる」ことをいいます。あくまで主観的な評価であることが特徴です。

客観的に見れば、たとえ価値がないものであっても、**自分自身の感覚や嗜好に合っていれば、「すてき」と言っても嘘にはなりません。**

相手にどんどん「すてき」と言うと、自分自身も「すてき」になり、いいめぐり合いも生まれるようになります。

不運を幸運の入り口にする

どのドアを開けますか？

人生においては、さまざまなトラブルに見舞われることがあります。

一般的には、そのような現象を不運だと感じがちです。

しかし、もっと長い目で見ると、必ずしもそれが「不運」だとは限りません。

なぜなら、「幸運」の入り口になる可能性があるからです。

本書で何度か登場するワイズマン博士は、もともとはマジシャンでした。あるとき、ニューヨークの権威ある劇場の舞台に立てるチャンスをつかみ、意気揚々《いきようよう》と現地に向かいました。しかし劇場の近くのカフェで、ちょっとした隙《すき》にマジック道具が一式入ったカバンを盗まれてしまったのです。

本番まで数日しかない中、ワイズマン博士は「どうしたらいいんだろう」と頭を抱えました。仕方なく新しく買ったトランプを触《さわ》っているうちに、なんと新しいトリックを思いついたのです。それは最初に用意していたものよりも、はるかに出来がよく、のちに賞まで取ることができました。

カバンを盗まれたのは大きな不幸でしたが、結果としては、それが幸運のきっかけになったということです。


私自身も本を書くようになったきっかけは、広告の仕事が数か月途絶《とだ》えたことでした。このまま今までと同じように仕事を続けていたら未来がないと、新しいチャレンジをしたのです。仕事が途絶えたのは不運でしたが、結果としては、それが幸運につながったのです。


このように、「運」は瞬間瞬間でどんどん変化していきます。

「不運」と思ったことが、「幸運」への入り口になったり、「幸運」だと思って油断していたら、そこから不幸のどん底に落ちたりもします。

「不運」なことが起きても、それを嘆くのではなく、「幸運」の入り口になるように考えることが、一番「運」をよくする方法かもしれません。

ご協力お願いします

「個人的なメッセージ」が人の心を動かす

誰かに何かを依頼するとき、ちょっとしたひと手間をかけることで、引き受けてもらえる確率が大きく変わります。

サム・ヒューストン州立大学のランディ・ガーナーは、学内の教授たちに退屈で煩雑《はんざつ》なアンケートをお願いするとき、どのようなひと手間をかけると引き受けてもらえるかを実験しました。

教授たちを3グループに分け、Aグループには、そのまま依頼状とアンケート用紙だけを送ります。Bグループには、依頼状に「ご協力お願いします」というメッセージを手書きで添えました。そしてCグループには、Bと同じメッセージをポストイットに書いて依頼状に貼りつけたのです。

すると、同じアンケート用紙であるにもかかわらず、大きな差が生まれました。

Ａ　教授たちの36％がアンケートを提出
Ｂ　教授たちの48％がアンケートを提出
Ｃ　教授たちの76％がアンケートを提出

ポストイットを貼って、手書きでお願いのメッセージを書くだけで、なんと倍以上の回収率になったのです。依頼状に手書きで同じ文章を書いても、約10％しか協力者が増えなかったことと比べると、驚くべき効果だといえるでしょう。

さらにＣグループは、回収率が高いだけでなく、より早く丁寧《ていねい》な解答をしてくれました。このようなめざましい効果が出た理由は、ポストイットが目立つということと、**そこに個人的なメッセージが書かれていたこと**が考えられます。

教授たちは、ほかの誰でもなく自分が頼まれている、という実感を抱いたのです。

相手が依頼を受けてくれると、うまくいくことが多くなります。あなたも、誰かに何かを依頼するときには、「ご協力お願いします」という個人的なメッセージを添えるようにするといいでしょう。

それもまたよし

「受け入れる力」で道は開ける

織田信長・豊臣秀吉・徳川家康という、戦国時代に天下統一をなしとげた（信長は、なしとげかけた）三武将の、性格や特徴を表わす有名な句があります。

・織田信長「鳴かずんば　殺してしまえ　ホトトギス」
・豊臣秀吉「鳴かずんば　鳴かしてみせよう　ホトトギス」
・徳川家康「鳴かずんば　鳴くまで待とう　ホトトギス」

鳴かないホトトギスというのは、自分が思い通りにならないことや人を表現する比喩《ひゆ》です。思い通りにならないと殺してしまう信長。何とか懐柔《かいじゅう》しようという秀吉。じっくりと待つ家康。

三者三様の対応の仕方を、端的《たんてき》に表現していますね。

これに対して、パナソニックの創業者である松下幸之助は、次のように述べています。

「3人ともホトトギスが鳴くということを期待している。つまり、鳴くということにこだわっていると思う。私は、何事も何かにこだわっていたらうまくいかないと思っている。だから、私はどういう態度で臨《のぞ》むかというと、〝**鳴かずんばそれもまたよし　ホトトギス**〟といったところだ」

（松下幸之助『人生談義』PHP研究所）

誰かが思い通りの行動をしてくれなかった。

何かマイナスなことが起こった。

そんなときでも、**世の中の流れに抗《あらが》わず、受け入れることで道は開ける。**つまり、「いいこと」が起こるという考え方です。

あなたも「それもまたよし」をモットーにしてみてはいかがでしょう？

知ってる　わかっている

うっかり言うと一生の損

誰かがあなたにアドバイスをしてくれたとき、ついつい言ってしまいがちなのが、「知ってる」「わかっている」という言葉です。

たしかに、わかっていることをわざわざ指摘されると、イライラしたり腹が立ったりするもの。特に相手が、家族などの身内であればなおさらでしょう。

しかし、できるだけこれらの言葉は使わないほうがいいでしょう。特に他人があなたに何かを言ってくれようとするときには、たとえ知っていることであっても、まずは謙虚《けんきょ》に聞くべきです。

というのも、それを「知ってる」「わかっている」という言葉で遮ると、**相手は不快になり、もう二度とあなたに、アドバイスしようとする気にならなくなるからです。**

そのような積み重ねは、あとあと大きく響いてくるかもしれません。

「自分は運が悪いなあ」と嘆くのは簡単。しかし、不運（いい結果が出ない）には必ず、それなりの理由がある。そして幸運にも、それ相当の過程がある。

野村克也

不幸な人間は、いつも自分が不幸であるということを自慢しているものです。

バートランド・ラッセル

いい加減　適当

上手に使えばちょうどいい

「いい加減」という言葉は、現在においては、「徹底しないこと」「不十分なこと」「デタラメ」「無責任なこと」「ほどほどにしてほしい」というマイナスの意味で使われることが多いようです。

「いい加減な人」というと、責任感がなく、物事を中途半端に放り出したりするイメージです。「冗談もいい加減にしろ」「いい加減、雨もやんでほしいよね」といったようにも使います。

しかし本来は、「良い加減」「好い加減」から生まれた言葉であり、「ちょうどいい」「適度」という意味です。

たとえば、お風呂や温泉で「いい湯加減」、料理で「いい塩加減」、マッサージで「いい力加減」などと使っているように。

「いい加減」と似た使い方をする言葉に「適当」があります。

こちらも本来の意味は、「ちょうどいい」「ほどよい」という意味です。しかし、最近は、悪いほうの「いい加減」という意味でも使われることが多いようです。「テキトー」とカタカナで表記すると、悪い意味がより強調される気がします。


私は、もともとの意味の「いい加減」「適当」をモットーにしています。

そうすることで、かえっていい結果になると思うからです。

頑張れば頑張るほど、かえってうまくいかなくなるときがあります。

マジメすぎると自分がしんどくなる。かといって、フマジメすぎると世の中から受け入れてもらえません。

「いい加減」や「適当」がちょうどいいと思いませんか?

誰かを励ますときも、「いい加減に頑張って」「テキトーに努力して」などというふうに使っています。

そうすることで、プレッシャーをかけすぎないと思うからです。

おもしろくない仕事をおもしろく

工夫はいくらでもできるもの

日々の仕事をつまらないと思ってやっていると、毎日は楽しくありません。一方で、おもしろいと思ってやっていると、毎日が楽しくなってきます。

どんな単調な仕事でも、とらえ方しだいでおもしろくすることは可能です。

「ココロも満タンに」「おしりだって、洗ってほしい」などで知られる著名なコピーライターの、仲畑貴志《たかし》さんの興味深いエピソードを紹介します。

仲畑さんは、19歳のとき、コピーライターになろうと東京に出てきました。昼間は養成講座に通いながら、早朝は青果《せいか》市場でアルバイトをします。仕事内容は、セリで落札された荷物を、荷車で運ぶものでした。積んでは降ろすだけの単純作業。しだいに仲畑さんは、その作業に飽きてきました。

そこで、荷物の積み方を工夫することにします。荷物を降ろすことから逆算して、荷物を乗せることにしたのです。すると徐々に効率がよくなり、短時間でより多くの荷物を運ぶことができるようになりました。

しかし、積み方の工夫もあるところまでいくと、それ以上は効率が上がりません。そこで仲畑さんは、ルートについて考えます。その時間、市場内は常に大混雑していて、最短ルートはむしろ時間がかかったのです。そこで、運ぶ距離は長くなりますが、空《す》いているルートで運んでみました。その結果、時間は大幅に短縮されたのです。

おかげで、当初の倍の量の荷物を運べるようになり、それを見た市場の親方からは、「一生市場で働け」とヘッドハンティングされるほどでした。

仲畑さんは、当時のことをこんなふうにまとめています。

「思えばコピーライターも、市場の荷車引きも同じであった。**自分が使う自分の時間をおもしろがるために工夫をする。その工夫が、結果的に評価となる。**見てくれている人は必ず存在する」と。

このように、おもしろくない作業を、少しでもおもしろくしようと工夫すると、自然とうまくいくようになります。

自分を大切に

優先するものを間違えない

あなたは「自分自身を大切」にしていますか？

「はい」と自信をもって答えられるなら大丈夫です。

問題は、「はい」と答えられない場合。

どこかで「自分を大切にしていない」という自覚があるはずです。

自分を大切にしないと、根本的な部分で自分に自信がもてません。そうなると、なかなか物事もうまくいかないでしょう。

そんな場合でも、**「自分を大切にする」ことをモットーにして行動を変えると、だんだんと自信をもてるようになります。**

では、どうすれば自分を大切にすることができるでしょうか？

次の3つのポイントから考えてみます。

① 完璧を求めない

すべてが完璧な人間なんてこの世にいません。

完璧を求めると、自分自身の足りない部分にばかり目がいきます。

もちろん、自分に足りない部分を自覚して努力することは大切です。しかし一方で、どんなに頑張っても完璧にはなれないという、あきらめも必要なのです。

完璧を求めすぎる人には、日本最古の書である『古事記』を読むことをおすすめします。登場する神様たちはみんな欠点だらけ。でもそこが魅力的です。

神様でも不完全なんだから、人間の自分が完璧になれないのも仕方ないと、きっと思うはずです。

② 自分をいたわる

まずは自分のことを、ほめてあげることから始めます。

自分のことを認め、やさしい言葉をかけてあげるのです。

「今日も一日よく頑張ったね」というふうに。

たとえ他人からほめられることがなかったとしても、自分だけは自分をほめてあげればいいのです。

誰かからひどい言葉を投げかけられても、相手を恨《うら》むのではなく、自分だけは自分の味方になってあげることが大切。自分自身のネガティブな感情も受け入れるのです。

自分に休息を与えることも重要です。

マッサージなどで自分の体をケアするのもいいですね。

③ 自分を主人公に

職場で、同僚や上司の意見を優先していませんか？

パートナーに対しても、本当の自分を出せていないのではないですか？

他人を優先していると、誰のために生きているのかがわからなくなります。

自分の人生は、自分が主人公であることを思い出すこと。

「自分を大切に」を実践すると、自然と自信がわいてきます。

嘆いている間にできること

○○がない

もしかして最近、「お金がない」「時間がない」「出会いがない」などの言葉を口に出したことがありませんか？

このような言葉は、つぶやいても状況が改善されるわけではありません。むしろ、自分自身に「自分には○○がないんだ」という暗示をかける効果しかないでしょう。「○○がない」と嘆くのではなく、どうしたら解消できるかを考え、次のような言葉を口にするようにしてはいかがでしょうか？

「こうすればお金が入ってくる」
「こうすれば時間ができる」
「こうすれば出会いがあるはずだ」

そうすれば、脳は自然とうまくいく方法を見つけてくれるかもしれません。

矛盾を恐れない

人は誰でも〝ちぐはぐ〟だから――

人間には「一貫性の法則」という性質があります。自分の態度や信念は、できるだけ一貫したものでありたいという欲求です。

また一般的に、言動が首尾《しゅび》一貫《いっかん》している人のほうが他人から信頼されます。

たしかに、気分屋で毎回言っていることがコロコロ変わって一貫性がなさすぎるような人は、他人から信用されません。

だから多くの人は、自分の言動の矛盾は、できるだけ避けたいと思っています。

しかし、言動が矛盾しないことばかりに気を取られると、自由がなくなり、生きづらくなります。

人間は、そもそも矛盾した生き物です。

あなた自身も、恐らく数多くの矛盾を抱えて、生きているのではないでしょうか？　性格ひとつ取ってもそうです。

・人前では明るいけれど、実は暗い
・ナマケモノだけど、頑張り屋さん
・あきらめが早いけれど、粘り強い
・人が好きだけど、ひとりも好き
・楽観的だけど、クヨクヨ悩む
・自信はあるけれど、自信がない

恐らく、多くの人に当てはまる性格ではないでしょうか？

小説や映画などにおいても、「好きになってはいけない人を好きになる」など、主人公が矛盾した行動を取るからこそおもしろいのです。

あなたがマジメで、いつも矛盾を恐れているならば、思い切って「矛盾上等」くらいの気持ちで話すと、毎日がもっと楽しくなるでしょう。

どうせ

自分の可能性を閉ざしてはいけない

「どうせうまくいかないから」「どうせ評価されないから」「どうせ俺には、学歴がないから」「どうせ私なんて、○○ちゃんみたいにカワイくないから」などと、「どうせ」のあとにネガティブな言葉をつけるのを、口グセにしていませんか？

もともとがネガティブ思考の方もいるかもしれませんが、自分を守るために多用する人も多い気がします。

ポジティブなことを言って、うまくいかなかったときに傷つかないように、「どうせ」という言葉を口に出すのです。

しかし、**「どうせ」と口に出すことで、自分の可能性をせばめてしまっています**。マイナスのピグマリオン効果（112ページ）を自分にかけているようなもの。

「どうせ」と口に出しそうになったら、「どうせやるなら○○しよう」と言いかえてみてはどうでしょう？

5章

思いを実現するために

ワクワクする

「モチベーション」はここから生まれる

何かにワクワクしたとき、その気持ちを口に出していますか。

そもそも「ワクワク」とは何でしょうか？

うれしい・楽しいことが起きると期待して、心を躍《おど》らせ、落ち着かないさまを表現する言葉です。

ちなみにワクワクの語源は、「湧く」や「沸く」を重ねたものだといわれています。水が地面から湧くように、やかんのお湯が沸くように、感情が心の奥底から次々と生じるさまを表わしています。

現在はポジティブな意味のみで使われますが、かつては「恐怖や不安で心が騒《さわ》ぎ、落ち着かないさま」を指すネガティブな意味でも用いられていました。

では、なぜ「ワクワク」は、口に出すといいのでしょうか。

「ワクワク」を感じるとき、ドーパミンが分泌されます。ドーパミンが分泌されると、やる気が出て幸福感を得て、何か行動を起こすモチベーションにつながります。

私たちの脳は、放っておくと、変化を恐れ物事をパターン化させる傾向があります。そうすると、マンネリ化による退屈感や閉塞《へいそく》感を覚えるようになります。当然、ドーパミンが分泌されることも減ります。

それを避けるために、「新しいことにチャレンジする」「新しい場所に出かける」「新しい人と出会う」など、今まではなかったことに取り組むことで、ワクワクする必要があります。

ただし、心の底からワクワクするためには、自分がどんなことにワクワクするのかを知らなくてはなりません。

みんながワクワクすることに、まったくワクワクしない人もいるでしょう。「どういうことがワクワクなのかわからない」という人もいるかもしれません。

そんな人は、**静かなワクワクから始めてはどうでしょう**。そして自分が心地いいと感じている状態のとき、「ワクワクする」と口に出してみるのです。

楽しい

ちょっと手を伸ばしてみるだけで……

「楽しい」は、「満ち足りて愉快《ゆかい》な気持ちであること」を表現する言葉です。

そんな気分になったときに、「楽しい」と口に出すと、もっと楽しくなります。

「毎日、しんどいことが多くて、楽しいことなんてない」と思う方もいるかもしれません。そんな方は、子供のころを思い出してみるといいでしょう。何もない場所でも、何かしらの工夫をすることで、楽しく遊べていませんでしたか？

日々の暮らしの中にも、楽しくなる工夫を見つけることはできます。

そして、ほんの些細なことからでもいいので、「楽しい」と口に出すことが大切です。

アメリカの哲学者であり心理学者でもあるウィリアム・ジェームズは、「楽しいから笑うのではない、笑うから楽しくなるのだ」という言葉を残しています。

行動と脳は連動している。だから、顔が笑っていると、脳が「楽しいのだ」と判断して、楽しい気分がつくられる——という意味です。

ということは、「楽しい」と口に出すことで、脳が「楽しい」と判断することもあるでしょう。

多くの人は「いいことがあると楽しい」と思っていますが、逆もまた真。

「いいことがあるから楽しいのではない、楽しいからいいことが起こる」のです。

毎日、楽しいという思いがあると、自然と「運」もよくなっていきます。

楽しいの語源は、「手伸《ての》し」だといわれています。

つまり、手を伸ばしている状態のこと。手を伸ばして舞い踊《おど》る様子からきたという説があります。まずは朝起きたとき、手を伸ばして「今日も楽しい一日が始まるぞ」と言ってみることから始めるのはどうでしょう?

ご無沙汰している人に連絡する

思い出したときがご縁の始まり

「運のネットワーク」をつくるために、新しい人と出会うことは重要です。

多くの人と出会うほうが、偶然やチャンスに出合う確率が上がるからです。

しかし、新しく出会う人以外にも、あなたはもっと多くの、潜在的なネットワークをもっているはずです。

それが、**過去に出会ったご無沙汰《ぶさた》している人たち**です。

運の研究家、ワイズマン博士が「運のネットワーク」をつくるために提唱しているのは、1週間に1人、ご無沙汰している人に連絡するという方法です。

学生時代や仕事関係、しばらく会っていない人のリストを作って、1週間に1人、電話をかけるというもの。内容的には「しばらく連絡できていなかったことを詫《わ》び、近況を聞く」ということを提唱しています。

いきなり電話するのはハードルが高いと思う人もいるかもしれません。その場合は、メールやラインで、「どうしてますか？　元気ですか？」とメッセージを送るといいでしょう。

返事がない相手もいるでしょう。返事があっても「元気です。そちらは？」といった、儀礼的な返事しかない場合も多いかもしれません。

しかし、中には「久しぶりに会いましょう」ということもあるでしょう。

何しろ、一度はつき合いがあった人たちなのですから。

昔話や近況を報告しているうちに、つき合いが復活することもあるでしょう。再び連絡を取り合うことで、貴重《きちょう》な情報が手に入るかもしれません。お互いが成長していたとしたら、以前には話せなかったことが話せるようになっているかもしれません。そこから、思わぬ「運」がやってくるケースも珍しくないはずです。

私自身、10年以上前に知り合ってずっとご無沙汰していた人が、出版業界紙の記事に載っていたのを発見し、メッセージを送ったことがあります。そこから、新しいプロジェクトが始まりました。

あなたも、ご無沙汰している人に連絡するのを習慣化してみてはどうですか。

受けた恩と与えた恩

紹介してくれた人を忘れない

思い出してみてください。

あなたが現在、仲よくしている人、仕事をしている人、お世話になっている人。

仮にAさんとしましょう。

Aさんとは、どのように知り合ったのでしょうか？　実は、Bさんから紹介してもらったことで知り合った、というケースが多いのではないでしょうか？

しかし、Aさんと懇意《こんい》になると、もともと知り合いだったかのように感じられて、紹介してくれたBさんのことを忘れがちです。私自身、特に若いころはそうでした。

そのままBさんのことを忘れてしまって、何の報告もしないようなケースを続けると、あなたの「運」はどんどん悪くなるでしょう。

なぜなら、何の報告もしなければ、せっかく紹介してくれたBさんも、ほかの誰かを紹介しようと思わなくなる可能性が高いからです。

逆に、折《おり》に触れてBさんに、Aさんとのことを報告したり感謝したりすると、あなたの「運のネットワーク」は広がっていきます。

なぜなら、**Bさんは「紹介したかいがあったな」と思って、またあなたに、ほかの誰かを紹介しようと思うから**です。さらに、Bさんはほかの誰かに、あなたのことを「義《ぎ》理《り》堅《がた》い」と宣伝してくれるかもしれません。

運のネットワークは、このような些細なことから広がっていくのです。

逆に、あなたが、CさんとDさんを引き合わせたとします。

紹介したのに、CさんからもDさんからも連絡がないことに、モヤモヤすることもあるかもしれません。

その気持ちはわかります。

しかし、そのことは忘れてしまいましょう。

運をよくするには、受けた恩は忘れずに感謝しつつ、誰かに与えた恩はすぐに忘れるようにすることが大切なのです。

○○しなきゃ

言葉を変えるだけで気持ちも変わる

「宿題やらなきゃ」「仕事しなきゃ」「もっとやせなきゃ」など、「○○しなきゃ」という言葉は、一見ポジティブに聞こえます。

しかし、そこには「自分が望んでいないのに、誰かから迫られて仕方なくやる」という、義務感を伴うニュアンスが感じられます。

それでは、たとえできたとしても、達成感は得られません。

自ら望んでやるという意味の、ポジティブな言葉に変える必要があるでしょう。

「能力を高めるために宿題をやろう」「目標を叶《かな》えるために、この仕事で結果を出そう」「ずっと健康でいたいから、もう少しやせよう」などのように。

このように言葉を変えるだけで、気持ちも前向きになるはずです。

結果として、より大きな成果を生み出す可能性が高まります。

はあ〜

〝どんより〟するもされるも迷惑

トラブルが続くと気持ちがどんよりして、思わず「はあ〜」と深いため息が出てしまうこと、ありませんか?

ため息をつくと「幸せや運気が逃げていく」といわれています。

これは、人前でため息をつくと、まわりの人を不快にさせるからです。

一方で、「ため息は健康にいい」という考え方もあります。

ため息が出るときは、トラブルや心配事を抱えているときです。そんなとき、人間の体は緊張して硬くなり、呼吸が浅く頻繁になりがちです。すると血液中の酸素が不足し、思考力や判断力も低下してしまいます。そんな状況下でため息をつくと、呼吸が改善され、自律神経のバランスが整うというのです。

つまり、**人前でのため息は避け、ひとりきりのときに思い切りついて、自律神経を整えればいい**ということです。

セレンディピティを起こす

「偶然」を味方につける裏ワザ

偶然に出合ったり、予想外のものを発見したりすることで、幸運を手に入れる力のことを、セレンディピティ（serendipity）と呼びます。

18世紀のイギリスの作家ホレス・ウォルポールが、『セレンディップの3人の王子たち（The Three Princes of Serendip）』というおとぎ話を読んで、生み出した造語です。

『セレンディップの3人の王子たち』の物語は、セレンディップ（スリランカの旧名）の王子たちが活躍します。

たとえば、迷子のラクダを探索中、道端の草が左側だけ食べられていることから、そのラクダは右目が見えないと、推理します。このような知恵によって、王子たちはやがて皇帝の賓客《ひんきゃく》となり、幸運を手に入れるのです。

「運がいい人」になりたければ、この「セレンディピティ」を起こす力は必要不可欠です。

ただし、セレンディピティは、偶然だけに頼っても起こりません。

前述の王子たちも、あらかじめ優秀な教師からしっかりと学んでいました。見事な推理は、単なる偶然の発見ではなく、王子たちが知識をもっていたからこそ、彼らは幸運をつかむことができたのです。

2010年にノーベル化学賞を受賞した鈴木章《あきら》さんは、授賞式の会見で次のようなことを語りました。

「セレンディピティがやってくるチャンスは、人間、誰でもある。しかし、セレンディピティをうまく活かすためには、注意深い心と一所懸命な努力、結果に対して謙虚に考えることが必要だ。それらがあって初めて、幸運の女神がほほえむ」

あなたも**「注意深い心」「一所懸命な努力」「結果に対する謙虚さ」をもって物事に臨めば、セレンディピティという、幸運の女神がほほえむ可能性が高くなる**でしょう。

神社で頭を下げる

なぜうまくいく人は「お参り」に行くのか

あなたは神社に行く習慣がありますか？

神社に参拝《さんぱい》すると、「運」がよくなるといわれています。

私自身、神社が好きです。

ここ15年以上、毎年12月には、前泊して早朝に伊勢神宮に参拝。朝一番の回で神楽《かぐら》を奉納《ほうのう》して、ご祈禱《きとう》してもらいます。

箱根神社、椿大神社《つばきおおかみやしろ》など、大好きな神社では、年間でご祈禱してもらうようにしています。それ以外にも、全国に大好きな神社は数多くあります。ここ5年以上、お参りした記録をつけていますが、少ない年でも年間120社以上は参拝しています。多い年は200社近く参拝するときもあります。

しかし私自身、神道《しんとう》に入信しているわけではありませんし、神様という存在を信じているかというと、よくわかりません（人間の脳内には存在する、と考えています)。何か特別なことを神頼みしているわけでもありません。

では、なぜ神社に参拝するのでしょうか?

私の場合は、**神社で深々と頭を下げることに意味がある**、と考えています。日々の生活の中で、そこまで深々と頭を下げることはありません。神殿に向かって深々と頭を下げることで、心の底から感謝する気持ちがわいてきます。無事、生きて暮らしていることや、こうやって参拝できたことについて感謝して、今後目指していることについて、神殿に向かって報告します。

そうすることで、自分の心が整い、「運」がよくなる気がするのです。

科学的にも根拠があります。

心の底から感謝すると、セロトニン、ドーパミン、βエンドルフィン、オキシトシンなどの脳内物質が分泌されるようになります。その効能は、42ページに記述した通りです。

多くの神社には澄んだ空気が流れていて、気持ちがいい場所です。初詣《はつもうで》など人の多いときだけではなく、ふだんから足を運んでみてはどうでしょう?

過去の成功体験を自慢しない

一回きりで終わらせていいの？

常に結果を残すためには、「過去の成功を自慢しない」ということも重要です。

誰しも過去に成功した体験は忘れられないものです。「また同じやり方をすると成功するのでは」と思ってしまいます。

しかし、**同じやり方を続けていると、いつかは停滞する時期がやってくることが多い**。これは個人であっても、組織であっても同じです。

なぜでしょう？

いくつかの理由が考えられます。

まずは、成功にかまけて、情報をアップデートしなくなるという点。

失敗をしたら、このやり方ではダメだと思って、何かやり方を変えるのが普通でしょう。

しかし成功が続くと、このやり方でいいのだと思い、最新の情報を仕入れて時代にあったやり方にアップデートする、ということを怠《おこた》るようになります。それによって、知らず知らずのうちに時代の変化に対応できずに、大きな失敗をしてしまうことが起こります。

もうひとつの理由は、成功をした人は、他人にその成功体験を押しつけてしまうことが多いからです。

成功の要因はさまざまです。当人の能力以外にも、たまたま時代にマッチしていたことも考えられます。しかし、時代は刻々と流れています。人々の考え方やライフスタイルなども、大きく変化しているでしょう。

もちろん、過去の成功体験の中には、現在に当てはめてもうまくいく法則もあります。抽象化して「今に活かせるノウハウ」として伝えるといいでしょう。

成功体験ではなく、失敗体験を語るのもいい方法です。

聞く側にとって、成功体験は、ただの自慢話にしか聞こえないことも多い。

それに比べて、失敗体験のほうが、聞いている側にとって、役立つことも多いものです。

めんどくさい

その先のチャンスを逃していませんか

改めて口に出すと、より億劫《おっくう》に感じてしまいます。

考える努力を放棄するために、進歩がなくなってしまいます。つまり、「めんどくさい」と言うことで、本当にめんどくさいことになってしまうのです。

私たちの祖先がみんな「めんどくさい」と思って何もしなかったら、人類の進歩はあったでしょうか？

極言すれば、人生におけるほとんどのことは、「めんどくさい」ものです。そんなことをいい出すと、「生きること」自体が面倒になってきます。

面倒だと思っていたことでも、やってみると意外とスムーズに進むことも多いものです。

楽しかったりおもしろかったりすることは、めんどくさいことの先にあります。

「めんどくさい」と口に出さずに、面倒なことをやってみてはどうでしょうか。

さすが！

そう言われると、もっとやってあげたくなる

「予想通り」「期待にたがわない」という意味で、漢字では「流石」と書きます。相手の言動などに対して、もともとすぐれていると思っていたけれど、その期待を裏切らない素晴らしさを表現するほめ言葉として使います。また、自分が困っている問題を、すぐに解決してくれたときなどにも使います。

「さすが！」「さすがですね！」「さすが〇〇さん！」のように。

そう言われると、誰でもうれしいはず。**相手は、あなたのために、また何かをやってあげたくなります。**

目上の人には使わないほうがいいという説もあります。相手を評価する言葉だからという理由です。しかし、現在において、「さすが」と言われて不愉快に感じる人は少ないのではないでしょうか？

初対面など関係性が浅い人を除いて、どんどん使ってみてはどうでしょう。

恵まれている

つぶやいてみると何かが変わる

「私は恵まれてるなあ」とつぶやいてみてください。どう感じましたか？

健全な上昇志向や欲望は、自分自身の成長につながりますが、完璧を求めすぎると、どうしても足りない部分に目がいってしまいます。

また、他人と比較したり、ない物ねだりをしてもいいことはありません。「比較」にフォーカスすると、不満を感じてしまうからです。

そもそも人間の欲望には限りがありません。脳は、どんなに欲望を叶えても、決して満足しないようにできているからです。

外から見たらものすごく成功しているように見える人であっても、ほかの誰かと比較すると劣っている部分は必ずあります。そして、足りないものに対する、強いコンプレックスを抱えていることも多いものです。

上を見たり、不満を数えると際限《さいげん》がありません。いつも不満を抱えていたり、足りないものを嘆いていると、自分で自分を不幸にしてしまうだけです。

一方で、自分の「恵まれている部分」に焦点を合わせると、これまでのよかったことを思い出します。**「恵まれている」ことにフォーカスして、その感謝を口に出すことは、「運をよくする」ための第一歩**なのです。

「世界一貧しい大統領」と呼ばれていたウルグアイの元大統領、ホセ・ムヒカ氏をご存知でしょうか？

2012年、ブラジルのリオデジャネイロで開催された国連の「持続可能な開発会議」でムヒカ氏は、次のようなことを言いました。

「本当に貧しい人とは、わずかなものしかもっていない人のことではない。際限なく欲があり、いくらあっても満足できない人のことだ」

最近、不満を抱えてばかりで貧しくなっていませんか？

そして、もうひとつ。ほかの誰かに対して、「あなたは恵まれている」ということはNGです。たとえ本人がそのことを自覚していたとしても、人から「あなたは恵まれている」と言われると、カチンときて、素直には従えないからです。

チャンスに気づいて引き寄せる

大事なことを見逃さないために

あなたは「チャンス」に気づくほうでしょうか？

また、気づいたとして、その「チャンス」を引き寄せているでしょうか？

当たり前ですが、「チャンス」に気づいて、きちんと引き寄せることができる人は、うまくいくことが多くなります。

逆に、どんなにチャンスがあっても、それに気づかなければ何も起きません。

知らない間に「幸運」を逃しているのです。

では、どうすれば「チャンス」に気づくことができるでしょう？

まずは、**「明確なテーマをもって生きているか」**ということが重要です。

脳にはＲＡＳ（Reticular Activating System：ラス）と呼ばれる機能があります。

その人が特定の分野に関心をもっていると、脳は膨大な情報の中から特定の分野の情報について過敏《かびん》になり、それに気づきやすくなるというものです。

この機能のおかげで、何かしらのテーマをもって生きていると、自然とその情報が目に留まるようになります。

これが、チャンスに気づく第一歩です。

次に、どうすれば「気づいたチャンスを引き寄せることができるか」です。

それは、**「行動力」と「決断力」が重要**になってきます。

想像してみてください。駅に着くと、ホームに電車が停まっている。

ベルが鳴って今にも発車しそうだ。どこへ向かう電車かはわからない。次に同じ電車がくるかどうかもわからない。乗ってしまってから行き先が違ったと後悔するかもしれない。

それでも、その電車に乗る決断ができるかどうかで、その後の人生は変わってくるのです。

「チャンスの神様には前髪しかない」ということわざがあるように、その電車を見送ると、もう二度と電車はこないかもしれません。

リスクはあっても、チャンスを見逃さない即断力が大切です。

場所を変える

もつれた糸のほぐし方

いつも同じ場所に留まっていると、なかなか「運」はよくなりません。

人間は、自分が置かれた場所や環境に、大きく影響を受ける動物だからです。

同じ場所や環境にいると、視点が固定され、新しいアイデアが出にくくなります。

スタンフォード大学のマリリー・オペッゾと、ダニエル・シュワルツが行なった実験から、座ったままアイデアを考えるのに比べて、歩きながら考えると創造性が大幅にアップすることがわかりました。

私自身、アイデアに詰まったら、まず場所を変えることを意識します。

散歩に行ったり、カフェに行ったり。

家の中なら、シャワーを浴びたり、お風呂に入ったり。

すると、**もつれていた糸がほどけるように、パッとアイデアが浮かぶことがよくあるのです。**

あなたが「最近、どうも停滞しているな」と思っているとしたら、思い切って場所を変えてみると、「運」がよくなるかもしれません。

そもそも「運」という漢字は、「運動」「運転」「運行」「運送」など、一か所に留まらず「動く」という行動に使われることが多いようです。「動く」ことと「運」には、非常に密接な関係があるということです。

引っ越しや転職もいいのですが、そうそうはできないでしょう。

そんなときは、旅行に出かけるだけでも、「運」がよくなることがあります。

旅行に出かけると、ふだんとは違う視点が手に入ります。

新しい人との出会いがあるかもしれません。

自然にふれ合うことや温泉に入ることなどで、たくさんのエネルギーを吸収することができます。

いい気が流れている「寺社」や「景勝地《けいしょうち》」など、いわゆるパワースポットなどは特におすすめ。停滞している「運」を変えたいならば、まず場所を変えて動くことです。

いつか

本当に実現させたいなら

あなたは、今叶っていない望みについて考えるとき、「いつか○○したい」「いつか○○しよう」と考えるクセがついていませんか？

「いつか」という言葉を使えば使うほど、その日は遠のいていきます。

考えてみてください。誰かと会って「今度一緒にご飯でも」「いつか伺いますね」などと言って、実現したことってどれだけありますか？

本当に実現させたいのであれば、**その場でスケジュールを合わせて「いついつに食べましょう」「いついつに伺います」と約束する必要があります。**

人はその場で行動しない言い訳を、「いつか」という言葉でしているのかもしれません。

「いつかは一生こない」ということを肝《きも》に銘じて、本気でやりたいなら、今すぐ行動を起こすことが大切です。

自分の運命は自分で管理しなさい。
でなければ、あなたは誰かに
自分の運命を決められてしまう。

稲盛和夫

人生には運も不運もある。
運に頼ってはならない。
不運を言い訳にしてはならない。

孫正義

適度なストレスをかける

大きく成長するにはこの手がある

ストレスは、体と心に悪影響を及ぼすと考えられがちです。

たしかに過剰で慢性的なストレスは、精神疾患や生活習慣病など、さまざまな心身の不調や病気を引き起こす可能性があります。そのような状況に陥っているときは、まず体と心を休めることが何よりも重要です。

しかし、まったくストレスがない状態がいいかというと、そうとも限りません。むしろ、自身に適度にストレスをかけたほうがいい場合もあるのです。

これを証明したのが、心理学者のロバート・ヤーキーズとJ.D.ドットソンによる、ネズミを用いた実験です。かかるストレスが小さすぎても大きすぎても、脳のパフォーマンスは低下し、一方で、ちょうどいいレベルのストレスがパフォーマンスを上げることを示して、それを「ヤーキーズ・ドットソン曲線」と名づけました。

また近年、カリフォルニア大学バークレー校のダニエラ・カウファー教授らの研究チームも、ネズミを使った実験の結果、突発的なストレスが適度にあるほうが、神経細胞が大幅に増殖し、記憶力が向上することを発見しました。

適度なストレスは交感神経系を活性化し、判断力や行動力を高めるのです。

たとえば、学生時代のころを思い出してください。

多くの人にとって、テストや部活の試合などは、ストレスだったかもしれません。でも、それがあるからこそ、やる気や集中力が生まれ、克服できたときは爽《そう》快《かい》感さえ、覚えたことがあるのではないでしょうか？

ストレスをどうやって避けるかばかりを考えるよりは、適度に自分にストレスをかけることを意識することが大切。それにより、高いパフォーマンスを出せるようになると、人間としての成長にもつながります。

ただし、ストレスに対する耐性は人それぞれです。

ストレスに強くない場合は、かけすぎないように注意すること。何より心身の健康が一番ですから。

落ちているゴミは拾う

それは「他人が捨てた運」かも

以前、とある高校にコピーライティングの授業で訪れたことがありました。

そのとき、担任の先生が教室にゴミが落ちているのを見て、「ゴミを拾う者は幸運を拾う」と生徒に言いながら拾わせていました。うまいこと言うなと、思わずメモしたことがあります。

メジャーリーグで大活躍している大谷翔平《しょうへい》選手。

グラウンドやベンチでゴミを拾う姿がアメリカで話題になったことがありました。会見で記者が「なぜそのような行動をするのか?」と質問すると、大谷選手は次のように答えました。

「僕は、人が捨てた運を拾っているんです」

これは、大谷選手が高校時代の監督から、次の教えを受けたことが元になっています。

「ゴミは人が落とした運。ゴミを拾うことで運を拾うんだ。
そして自分自身にツキを呼ぶ。そういう発想をしなさい」

その言葉を、今でも忠実に守っているのです。
大谷選手が、高校時代に作成した目標達成シートにも「運」の項目があります。そこには、「ゴミ拾い」と並んで、「あいさつ」「部屋そうじ」「道具を大切に使う」「プラス思考」「応援される人間になる」「審判さんへの態度」「本を読む」など、運をよくするための要素が書かれています。

これらのことは一見、何の科学的根拠もないように思えます。
しかし、自分がやっているこのような行動が「運」を引き寄せていると思えば、プラシーボ効果（45ページ）で本当に「運」がよくなるかもしれないのです。

月の満ち欠けを意識して暮らす

心身のリズムがいいと……


月の満ち欠けを意識して暮らしていますか？

太陽暦で暮らしている現代において、意識する人は少ないかもしれません。しかしながら、月は地球に大きな影響を与えている天体です。月の引力によって海の干満《かんまん》が生じることは、よく知られています。

明治になるまで、新月の日から次の新月の前日までが1か月でした。1月2月という「月」も、天体の「月」が由来です（英語の month も moon が由来です）。

月は自ら光っておらず、太陽光を反射して光っているように見えます。そして、地球の影によって、月が満ち欠けしているように見えるのです。

「新月」は太陽と地球と月が一直線に並び、月が地球の影にかくれて、私たちからはまったく見えなくなっている状態のこと。英語では「ニュームーン」といいます。新しい月が始まる日です。旧暦の1日は（当然元日《がんじつ》も）必ず新月です。

新月から新月までは29・5日。その真ん中にあるのが「満月」です。満月でも、太陽と地球と月が一直線に並びます。太陽光を全面に浴びた月を、地球から真正面に見ている状態です。英語では「フルムーン」といいます。

月の満ち欠けを意識して暮らすと、自然と心身のリズムが整っていき、「運がよくなる」といわれています。特に、新月と満月の日に、「あること」を行なうと願いが叶うといわれています。

新月に行なうことで一番よく知られているのが、「アファメーション」です。これは、新月の日に自分が実現させたいことを、すでに叶ったかのように紙に書き出していくという方法。何個書けばいいかはいろいろな説があります。

満月では、新月の願い事を振り返り、ふだん気がつかない身のまわりのことに目を向けて、感謝したいことを書き出せばいいといわれています。

私自身も、ここ10年近く新月と満月の日に、これらのことを実行しています。科学的な根拠はありません。しかし、月に一度、「願い事」を書いたり、「感謝の気持ち」を書くことは、「運」をよくすることにつながると思いませんか?

「ひとり占め」は何かとトラブルの元

運を運ぶ

あなたは誰かに「運」を運んでいますか？

多くの場合、「運」は人が運んできてくれるものです。

そうやってたまってきた「運」を、ひとり占めしていませんか？

「運」は誰かにあげても減ることはありません。

むしろ、**誰かに「運」を運んであげる習慣をつけると、さらに「運」はよくなるのです。**

思い出してみてください。あなたに「運」を運んできてくれた相手を。

「運がいい人」だったのではないですか？

そう、誰かに「運」を運べる人は、自然と自分の「運」もよくなるのです。

あなたがもっと「運」がよくなりたかったら、誰かに「運」を運んであげることを意識するといいでしょう。

◇おわりに 「言葉の力」を信じているからこそ

あなたは、一日にどれだけの「言葉」を口にしていますか？

加えて、声に出さずに心の中で言っている「言葉」は、どれくらいの数があるでしょう？

合わせると膨大な数になるのではないでしょうか？

その言葉を一番聞いているのはあなた自身です。

そして、一番ストレートに影響を受けるのもあなたです。

他人から言われる言葉は直接は変えられないかもしれないけれど、自分が使う言葉は変えることができます。

本書を参考に、まずあなた自身の発する言葉を変えてみてはどうでしょうか？

きっと「いいこと」が起こり、「運」がよくなるはずです。さらに習慣を変えると、人生が「なぜかうまくいく」ようになっているでしょう。私自身もそれを体験しました。

前作『使えば使うほど好かれる言葉』(三笠書房・王様文庫)は、おかげさまで多くの方々からご好評をいただいています。

「人に好かれて幸運をつかむヒント」が詰まった本が前作とすれば、本書は、「自分の力で幸運をつかみ取っていく言葉」が載っている本といえるでしょう。

私はコピーライターとして、「言葉の力」を信じています。

だからこそ、言葉を慈《いつく》しんで使っている方々が幸せになることを、祈ってやみません。本書がきっかけに、ひとりでも幸せに近づく人がいるとすれば、望外の喜びです。

また、いつかどこかでお会いしましょう。

川上徹也

本書は、本文庫のために書き下ろされたものです。

口《くち》にすればするほどなぜかうまくいく言葉《ことば》

著者　川上徹也（かわかみ・てつや）
発行者　押鐘太陽
発行所　株式会社三笠書房
〒102-0072 東京都千代田区飯田橋3-3-1
電話　03-5226-5734（営業部）03-5226-5731（編集部）
https://www.mikasashobo.co.jp
印刷　誠宏印刷
製本　ナショナル製本

ISBN978-4-8379-6990-7 C0130

王様文庫

使えば使うほど好かれる言葉

川上徹也

たとえば、「いつもありがとう」と言われたら誰もがうれしい！　◎会ったあとのお礼メールで⇩次の機会も「心待ちにしています」　◎お断りするにも⇩「あいにく」先約がありまして……人気コピーライターがおしえる「気持ちのいい人間関係」をつくる100語。

面白いほど伝わる話し方

福田　健

いい人間関係は、いつも「わかり合う」ことから！　◎「話の順番」が事前にわかると安心して聞ける　◎「体験談」くらい面白いものはない　◎「ひと呼吸おく」のも重要なテクニック　◎聞き手が「親しみ」を感じる表現……話がもっと「伝わりやすくなる」コツがわかる本！

気くばりがうまい人のものの言い方

山﨑武也

「ちょっとした言葉の違い」を人は敏感に感じとる。だから……　◎自分のことは「過小評価」、相手のことは「過大評価」　◎「ためになる話」に「ほっとする話」をブレンドする　◎「なるほど」と「さすが」の大きな役割　◎「ノーコメント」でさえ心の中がわかる

K30572